개 · 고양이와 공존하는 행복한 동물복지를 꿈꾸며

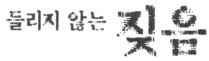

들리지 않는 짖음

개 · 고양이와 공존하는
행복한 동물복지를 꿈꾸며

들리지 않는 짖음

초판 1쇄 인쇄일 2023년 7월 27일
초판 1쇄 발행일 2023년 8월 23일

지은이 박성수
펴낸이 양옥매
디자인 송다희 표지혜
마케팅 송용호
교 정 조준경

펴낸곳 도서출판 책과나무
출판등록 제2012-000376
주소 서울특별시 마포구 방울내로 79 이노빌딩 302호
대표전화 02.372.1537 **팩스** 02.372.1538
이메일 booknamu2007@naver.com
홈페이지 www.booknamu.com
ISBN 979-11-6752-351-8 (03330)

개 · 고양이와 공존하는   행복한 동물복지를 꿈꾸며

들리지 않는 짖음

실제 현장의 생생한 이야기

박성수 · 지음
A.D SNIPER

책과나무

- 시선 -

1m 목줄에서 평생 살아가는…

반려인 1,300만 시대, 그 사각지대에서

작가 박성수

반려인 1,300만 시대에도 사람들은 여전히 음지의 아이들에겐 관심이 없다. 여전히 사각지대에 있는 개 식용에 대한 문제는 그들(이 책에서는 개농장협회·도살자·사육자들을 '그들'로 지칭하겠다)과의 대립관계로 남아 있고, 불법적인 도살과 유통 곳곳의 '들리지 않는 짖음'은 끝이 없다.

너무나 쉽게 개와 고양이를 사고팔고 강제로 번식시키며, 팔리지 않는 동물들은 건강원이나 쓰레기통으로 들어가고 있다. 이러한 상황에서 귀에 걸면 귀걸이 코에 걸면 코걸이 인 '동물보호법'을 가지고 많은 개와 고양이를 지키고 개 식용 종식을 끌어내기엔 역부족이었다.

무엇이 제일 문제인가?

어떻게 하는 것이 가장 좋은 방법인가?

어떻게 해야 개와 고양이에 대한 인식을 좀 더 많은

사람들에게 어필하여 조금이나마 변화할 수 있을까?

　이에 대한 질문을 계속 던지면서 써 내려갔다. 이 책을 쓰면서 바라는 점은 관심도 적고 누군가와는 부딪혀야 하는 고된 일이지만 보이지 않는 '인식 변화'를 위해선 누군가는 반드시 해야 할 일이라 생각하고 이 책이 시발점이 되어 제2, 제3의 필자가 나오길 바라는 마음이다.

　그동안 개 식용에 대해 관심 없던 분들이나 잔인하다고 생각하거나 외면하시던 분들의 손에 한 권이라도 더 많은 책들이 쥐어지면 하는 바람이다. 이 책에 잔인한 내용은 없다. 그저 인간이 가장 잔인할 뿐….

나는 그 눈빛을
아직도 기억한다

그림 작가 문서인

"모르는 게 아니다. 모르는 척할 뿐.

마음속 어딘가 불편할 때는,

감정에 집중해 볼 것을 권한다.

문서인의 그림 속 개의 눈동자는

줌아웃 효과를 꺼뜨리고 시선의 끝을 묶는다.

사랑과 연대를 이룬 공동체가

시선의 공명으로 이해된다."

W.이루아

나는 7살의 말티즈, 몽이와 함께 단둘이서 여행하는 것을 좋아하는 평범한 내성적인 사람에 불과하다. 붓을 쥐며 강아지들의 감정을 담아내기 시작한 것은 2018년으로 거슬러 올라간다.

강아지들의 감정을 담은 눈을 그릴 때면 내 마음은 한곳으로 집중되기 시작하면서 감정이입하기 시작한다. 내가 담아내고 있는 이 개는 어떤 삶을 살았으며 어떤 스토리를 담아내고 있을까? 생각에 생각을 거듭하며 붓질을 하다 결국에는 끝나는 마지막 붓 터치로 그 아이의 감정을 온전히 담아내어 보려고 노력한다.

처음부터 그림자에 드리워진 아이들을 그리기 시작했었던 것은 아니다. 나의 삶은 실패의 연속이었으며 즐거움과 희망을 잃은 채 살아왔다. 그렇게 무의미하던 삶의 연속이었을 때, 몽이라는 따뜻한 가정 속에서 태어난 조그만 아이를 만나게 되었다.

나의 길고 길었던 우울감은 몽이의 첫 산책 이후로 많이 변화하기 시작했다. 하루에 못 해도 두세 번씩은 꼭 나가면서 그동안 바라보지 못했던 햇빛도 받게 되었다.

2017년 어느 날, 몽이와 만난 지 1년이 되었을 때쯤이다. 우리 집은 근처의 재개발로 인해 아파트들이 철거되면서 공터로 전락해 버린다. 여기로 한번 가 볼까? 샛길 쪽으로 걸어가던 찰나, 저 멀리 공터 쪽에서 1m도 되지 않는 아주 짧은 목줄에 묶인 큰 황구의 아이와 마주치게 된다.

뒤쪽이어서 보이지 않았던 곳인데, 이 아이는 언제부터 여기에 있었는지…. 꽤 녹슨 철 목줄과 낡은 판자로 만들어진 엉성한 집이 아직도 기억에 남는다. 알박기로 땅을 꿋꿋이 지키고 있는 주인의 땅 지킴이용의 강아지였던 것이다.

덩치와 상관없이 매우 순하며 꽤 젠틀했던 녀석. 이후로 그 아이가 늘 마음에 걸려, 나는 몽이와 날마다 그곳을 지나가면서 길게는 1시간 동안 그 아이를 멀리서나마 심심해하지 않도록 나름대로 놀아 주고 춤도 춰 주기도 했다.

그 아이는 점차 나를 만나는 시간이 기다려졌다는 듯이 어느 순간 꼬리를 살랑살랑 흔들어 주기 시작했다. 하지만 그 아이와 만난 지 반 개월쯤 되었을 때, 그 아이의 바로 옆에 똑같이 1m가 채 되지 않는 짧은 목줄로 이탈리안 그레이하운드의 어린아이가 나란히 묶여 있었다.

그때부터 이상한 생각이 들기 시작했다. 그 일이 있고 보름이 채 가지 않아, 두 마리는 동시에 사라졌다. 사라진 아이들의 흔적에 나는 그날 오랫동안 잠을 이루지 못했다. 혹여나 나쁜 일이 생긴 건 아닐까…. 그런 걱정들로 가득했다.

그로부터 일주일 후, 그 자리에는 다른 진도 믹스의 아이가 영문도 모른 채 다시 짧은 목줄에 매인 채 가만히 앉아 있었다. 나는 그 광경을 보고 다시 또 불안해지기 시작했고, 예상대로 얼마 지나지 않아 그 아이는 사라지고 말았다.

반복되는 광경 속에서 나는 어찌할 줄 몰라서 발만 동동 굴리는 나 자신에게 울면서 많은 것을 탓하고 자책하며 비난했다. 내가 조금만 더 용기를 내줬다면 아이들이 소리 없이 사라지지 않았을까 혹은 그 아이들에게 내가 해 줄 수 있는 것을 해 줬으면 조금이라도 나아지지 않았을까 하는 생각들.

1m의 짧은 목줄 속에서 바뀌어 가는 아이들을 보며 어쩔 줄 몰라 헤맸던 나의 모습에 스스로 크게 실망했다. 그 황구 아이가 아직도 내 기억 속에서 선명하다. 그 아이와 나의 물리적 거리는 중간에 철창과 언덕이 있었기에 가장 가까이 다가가도 10m 남짓이었지만, 우리는 여러 제스처와 눈빛으로 많은 대화를 나누며 교감했다.

처음에는 겁을 먹었던 눈빛에서 점점 재미있게 바라보며 기다렸다는 듯이 반짝이던 두 눈…. 나는 그 아이들의 눈빛을 아직도 잊지 않고 있다. 그 아이들이 머물던 자리는 현재도 지나갈 때마다 나의 마음속 깊이 구해 주지 못한 죄책감에 젖어 들게 한다.

더 이상 쳐다만 보면서 안타까워만 하며 고개를 돌리던 나의 과거를 매듭짓고 더 큰 울림을 전달해 주는 그림을 통해 그들의 감정이자 하나의 언어가 되어 주고 싶다.

Contents

개와 고양이에 관한 알아야만 하는 진실들

개와 고양이에 관한 15인의 인터뷰

이 순간에도 어둠 속에 떨고 있을 아이들을 위해 작가 박성수

따뜻한 빛이 드리워질 순간을 기대하며 그림 작가 문서인

- 개의 잃어버린 초상화 -
강아지 공장의 현실

개와 고양이에 관한 알아야만 하는 진실들

알고리즘이 이끈
동물권 집회

나는 경기도 안양에서 자영업을 하는 사람이다. 구독자가 200명도 채 안 되는 유튜브 채널을 운영하며 가끔 영상을 올렸다. 내가 키우고 있는 아이들 영상이나 취미인 게임 영상 등을 다루는 소소한 채널이었다. 가게가 바빠서 사실 영상을 올릴 시간도 없었다. 그렇게 일상의 반복 속에 나름 보람도 느끼며 열심히 살고 있었다.

그런데 2020년 초, 전 세계를 위기로 만든 코로나19가 터져 버렸다. 자영업자 직장인 할 것 없이 모든 국민들이 그야말로 멘붕에 빠졌으며 힘든 시기를 겪기 시작했다.

나는 디자인실과 식당 두 곳을 운영하고 있었다. 그중 식당 일에 더 매진하고 있었는데 영업 제한이란 것에 걸리면서 영업시간도 대폭 줄어들었다. 수입은 줄어들었지만 덕분에 시간은 많아졌다. 그러면서 유튜브 보는 시간이 많아졌고, 영상도 근근이 올리며 식당보다는 디자인실에 더 많은 시간을 할애하게 되었다.

유튜브에서 동물 영상을 주로 즐겨 보았는데, 그놈의 유튜브 '알고리즘'이라는 것이 나를 이끌어 지금까지 나를 움직이게 하고 있는 계기가 되었다. 영상의 내용은 '식용견'. 우리나라에서 제법 흔히 볼 수 있는 보신탕을 주제로 하고 있었다.

솔직히 사람 심리가 그렇듯 누가 보고 싶겠는가…. 하지만 호기심이란 놈이 나의 의지와는 상관없이 내 손을 움직여 여기저기 클릭해 대고 있었고, 또 그놈의 알고리즘은 계속 그런 영상들만 나에게 퍼다 날랐다.

'아직도 이렇게 많이 먹나? 물론 내가 사는 지역에도 유명한 곳이 있지만 극소수 아니야?'

솔직히 처음에 든 생각은 막연한 궁금증이었다. 이런 궁금증은 영상을 볼수록 더욱더 거대해져서 직접 알아보고 싶어졌다. 마침 식약처에서 '개 식용'에 대한 문제로 집회가 열린다는 소식에 손수 피켓까지 만들고 중고로 액션캠 고프로7까지 무장하고 태어나 처음으로 동물권 집회에 참여하게 되었다.

무척 추운 날이었다. 목동 식약처(현재는 오송으로 이전) 앞에 한 25명 정도 모였을까? 개식용을 종식하자는 구호를 열심히 구호를 외쳐 댔다. 처음이어서 그랬는지, 아니면 간절한 마음들이 전해진 때문이었는지, 뭔가 이루어질 것만 같은 느낌이 들었다.

집회가 끝난 후 면담 장소로 가서 촬영을 해 달라고 해서 이동했다. 회의실은 히터에서 나오는 바람으로 따뜻했으나 분위기는 마치 영하 30도의 시베리아 같았다.

식약처가 허가받지 않은 식품을 판매하는 전국의 보신탕집을 단속할 것도 아니고, 주된 내용은 '개'를 가축에서 제외

시키자는 얘기였다. 한쪽은 불같이 열을 내며 요구하였지만 돌아오는 대답은 형식적인 응대뿐이었고 끝에는 농림축산부와의 회의를 통해 답변을 주겠다는 얘기였다.

결국 그날은 그렇게 돌아갔다. 아직 뭐가 뭔지 제대로 알지 못하는 나로서는 이해하기 힘들었다. 불법인데 왜 못하게 막지 못하는 거지? 얼마 안 되는 시장인데, 뿌리 뽑으면 되는 것 아닌가? 목청을 높여 소리 지를 땐 뭐라도 이루어질 거라 생각했던 내 생각은 얼마 지나지 않아 산산이 부서졌다.

그로부터 얼마 후 농림축산부에서 집회가 있었다. 이유는 정부나 식약처, 농림축산부에서 신중히 검토 중에 있으며 (나중에 안 사실이지만 검토만 몇십 년째 하고 있었다) 특히 마지막 문구가 활동가들의 뚜껑을 날아가게 했기 때문이다.

"사회적 합의"

대체 우리나라 사람의 몇 퍼센트가 개고기를 먹기에 사회적 합의가 필요하다는 걸까? 게다가 도대체 누구랑 합의한 다는 걸까? 이것도 나중에 안 사실이지만 합의는 먹는 사람들과의 합의가 아닌 '그들'과의 합의를 말하는 것이었다.

그 이후에도 식약처와 농축부를 오가며 집회에 참여했고 '그들'과의 맞불집회에도 가담했다. 그러는 동안 동물권과 '그들' 간의 갈등은 극에 달했다. 몇 달간 집회를 하면서 계속되는 'ctrl+v' 같은 답변에 기운이 빠지기 시작하면서 문득 이런 생각이 들었다.

'과연 집회만으로 바뀔까?'

나는 영상만으로 보았던 '현장'으로 눈을 돌리기 시작했다.

개 경매장을 아십니까?

- 생과 사 -

어떤 생각이 드십니까?

동물권에서 오랫동안 운동하며 보호소를 운영하시던 소장님에게 그곳(개 경매장)으로 가면 많은 것을 느끼고 경험할 수 있을 것이라는 얘기를 듣고 나는 그곳으로 향했다. 이것이 나의 첫 현장 경험이었다.

경기도의 한 개 경매장. 다른 곳에서 오랜 시간 운영하다가 불법 사항들이 적발되면서 옮겼다고 들었다. 이 옮긴 개 경매장에서도 수많은 활동가 단체들이 애를 썼다고 한다.

번화가를 지나 시골길 같은 곳으로 구비구비 들어가기 시작했다. 멀리서 스피커에서 구호를 외치는 소리가 들렸고 6~7명 정도의 사람들이 모여 있었다. 입구 쪽에 동물활동가들이 있는 가운데, 멀리 보이는 큰 천막 앞에서 '그들'이 대립하고 있었다.

그 사이에 공무원과 경찰들이 배치되어 있었는데, 때때로 욕설을 하거나 가까이 와서 물건을 집어 던지기도 했다. 일촉즉발의 상황이 계속해서 이어지며 위태로운 분위기가 조성되었다. 그동안 싸움 구경이야 많이 해 봤지만 이건 좀 다른 유형의 긴장감이었다.

그러던 중 트럭 한 대가 모래먼지를 일으키며 들어오기 시작했다. 그러자 동물활동가들이 일제히 그 차를 막아섰다. 그런데 트럭 짐칸에 믿기 힘든 광경이 눈에 들어왔다. 개들이 작은 케이지에 구겨져 실려 가는 게 아닌가? 이게 도대체 무슨 일이란 말인가!

이곳은 개 경매장. 말 그대로 개를 사고파는 곳이었다. 케이지에 개를 실어 와 무게를 달고 무게에 따라서 값을 매기며 거래를 하는 것이다. 이 개들은 대체 어디에서 왔을까?

그렇다. 흔히 우리가 시골 동네에서 볼 수 있는 개장수들이 싣고 와 사고파는 것이며, 이곳에서 거래된 개들은 도살장으로 이동돼 불법 도살이 되어 보신탕집으로 이동하는 것이다. 개가 저렇게 구겨져 가고 있는데 공무원과 경찰들이 그저 바라만 보고 있는 것이 이해되지 않아 물었다.

"왜 그냥 보내는 것이냐? 동물보호법 위반 아니냐?"

그런데 돌아오는 답변은 기가 막혔다.

"우리는 집회 때문에 온 것이지, 지금 할 수 있는 것은 없다."

세상에, 생명이 저리 지옥문으로 끌려 들어가는데 공무원이 할 소리인가? '그들'과 함께 마치 우릴 비웃는 것 같아 보였다. 활동가분들은 이런 상황을 자주 겪었는지 따질 힘도 남아 있지 않은 것처럼 보였다. 많이 지쳐 있었다.

수시로 드나드는 개트럭에 모래먼지가 계속해서 일어났고, 케이지 안에 갇힌 채 쳐다보는 개들의 그 눈빛을 지나칠 때마다 괴로웠다. 살려 달라는 눈빛인지 삶을 포기한 눈빛인지 모를 힘없는 눈빛을 마주하는 동안 너무 힘들었다.

어떤 활동가는 주저앉아 개들을 살려 달라고 울었다. 그런 순간에도 바라만 보고 있어야 하는 상황이 미치게 화가 났다. 그럼에도 정작 내가 할 수 있는 건 이러한 사실을 알리기 위해 카메라를 드는 것뿐이었다.

그 후로 며칠을 그 '눈빛'에 잠도 못 자고 시달렸다. 분함과 미안함이 섞인 감정이었을까…. 뭘 해야 할까? 방법이 있다면 최대한 많이 알려야 하지 않을까? 구독자도 별로 없던 내 채널이었다.

그런데 이런 고민을 하고 있을 때, 때마침 동물농장 작가에게서 연락이 왔다. 개 경매장 방송을 보고 취재를 해 보고 싶다는 것이었다. 그때부터 공중파를 비롯하여 각종 매체에서 활동가분들과 취재 요청을 하기 시작했다.

그렇게 SBS 방송을 시작으로 여러 곳에 보도가 시작되었다. 주요 내용은 국유지를 점거하고 허가받지 않은 영업을 하고 있다는 것이었다. 주민들의 증언에 따르면 밤마다 개 잡는 소리가 들렸고 털을 태우는 냄새가 진동을 했다고 한다.

그러나 '그들'은 뭘 감추려는 듯 내부 진입을 계속해서 강력하게 거부했고, 제대로 된 취재는 이루어질 수 없었다. 이슈는 되었지만 정작 해결되는 건 없었고, 개를 실은 트럭

들은 횟수만 줄었을 뿐 여전히 우리를 조롱 섞인 표정으로 비웃으며 드나들고 있었다.

그럼에도 불구하고 우리는 몇 달 동안 집회를 계속했고, 공원을 다니며 지역 주민들에게 전단지나 부채를 나누어 주기도 했다. 개농장을 찾으려 조를 나누어 몰래 트럭을 쫓기도 했다. 그렇게 미친 듯이 모두가 매달렸다. 하지만 날이 갈수록 몸도 마음도 한계가 오는 듯 보였으며 모두가 지쳐 갔다.

개 경매장이 문제였지만 더 큰 문제는 시의 방관이었다. 불법인 걸 알면서도 군(육군)과 시의 사이에서 서로 미루는 식이었기 때문이다. 그 부지는 일부 군사지역이었고, 군의 소관 건축이나 개발행위허가 등은 시의 소관이었다. 우리는 집회 장소를 시로 옮겼고, 계속해서 개 경매장 철폐를 요구하였다. 지칠 대로 지쳐 갈 때쯤 부시장에게서 답변이 왔다.

"철거시키도록 최선은 다하겠다."

'철거시키겠다'가 아니고? 이런 답변이라도 들은 것으로 만족을 해야 하나. 우리는 울분을 참고 참으며 마지막 집회를 끝으로 시에서 해산해야 했다.

그리고 그로부터 8~9개월 뒤, 개 경매장은 철거되었다. 그리고 집회에 주력으로 참가했던 분들은 '그들'의 고소에 시달려야 했다. 많게는 8건, 나는 5건을 고소당했다. 무혐의가 나온 것도 있지만 벌금이 나온 것도 있었다. 거의 대부분이 생업을 하면서 참석한 분들이다.

내용도 가지각색이다. 명예훼손, 영업방해, 모욕, 폭력, 허위사실유포 등등. 2년이 지난 지금까지도 고소장이 날아오고 있다. 끈질기게 싸워 온 결과가 이렇다. 안타깝게도 이게 현실이다.

동물보호법을 얘기하자면 현재의 법령은 귀에 걸면 귀걸이, 코에 걸면 코걸이 식이라 지자체에서도 판단이 서로 다르다. 여기서 '개'를 빼고 한번 얘기해 보자.

동물을 빼더라도 그곳은 불법 투성이였다. 국유지 불법 점거에 농지법위반, 건축법위반, 개발행위제한 등등. 그런 데 이것을 폐쇄시키는 것이 이렇게도 어려운 일이란 말인 가? 법적으로 위배되는 것을 이행해 달라는 것이 그리 힘든 일인가?

그렇게 오랜 시간 노력을 해서 폐쇄시켰지만, 얼마 후 개 농장이라고 제보를 받고 간 그곳엔… 개 경매장에 있던 '그들'이 있었다. 다른 곳으로 이동하여 또 개 경매장을 하고 있던 것이었다.

어디든 존재하는 그곳,
개농장

'개농장'이란 단어를 들어 보신 분들도 계실 거고 생소한 분들도 계실 거다. 말 그대로 개를 사육하는 농장이다. 전국 데이터에 있는 곳만 5천 곳이 넘으며 사육 두수는 100만 마리 이상으로 추정된다. 특히 여름에는 더 많아진다.

나는 이번엔 판매와 도살이 이루어지는 개농장을 파헤쳐 보기로 했다. 적게는 10마리부터 8천 마리까지 사육하는 곳을 가 보았다. 도심에서 조금 멀어지고 논과 밭, 산과 들이 보이는 곳이면 개농장은 어디든 존재했다. 믿기 어려운 이야기겠지만, 우리나라의 최고 관광지 제주도의 개농장 숫자는 전국 TOP 5 안에 들 정도이다.

이 말에 놀란 나머지 "그럴 리 없다. 그렇게 많은데 왜 나는 한 번도 본 적이 없느냐?"고 의아해하는 분들도 계실 거다. 개농장은 우리가 생각하는 일반적인 곳에 존재하지 않는다.

예를 들어 KTX를 서울역에서 타고 부산까지 간다고 치자. 2시간 30분을 기차가 달리는데, 창밖을 유심히 살펴보면 30분을 제외한 2시간은 '녹색'만 보인다. 무슨 얘긴고 하니, 도심에 사시는 분들은 느끼지 못할 수도 있겠지만 대한민국 국토의 5분의 4 정도는 농지와 산지로 이루어져 있다는 이야기이다.

우리가 여행을 가더라도 검색을 해서 명소를 찾아다니지, 논과 밭으로 가진 않는다. 그만큼 숨어들 곳이 많다는 얘기도 된다. 정말 말도 안 된다고 생각되는 곳에 위치한 개농장에 가 보기도 했고, 핸드폰조차 터지지 않는 곳도 있었다. 내가 개농장에 가서 제일 많이 하는 말이 "이러니까 못 찾지."이다.

그렇다면 왜 '그들'은 이렇게 예상조차 할 수 없는 곳에 숨는 걸까? 이유는 간단하다. 합법이 아니기 때문이다! 도대체 무엇이 불법인가에 대해 상세하게 얘기해 보려 한다.

우리나라는 아직 개를 '가축'으로 정해 놓았기 때문에 사육 자체는 가능하다. 그렇다면 왜 문제가 되는 것인가? 축산법상 개는 가축이지만 도살·유통·가공 등 먹거리 위생을 위한 축산물위생관리법상에서 가축에 포함되지 않아 개고기 판매·조리는 현행법으로도 불법이다.

식약처에서 정한 법령에 개는 '식품'에는 등재되어 있지 않다. 즉, 먹을 수가 없다는 얘기다. 그런데 왜 아직도 대한민국에는 보신탕집이 아직도 많이 있고 처벌을 내릴 수가 없는 것인가? 개가 식품에는 빠져 있지만 명확한 법령이 아직 없기 때문이다.

불법도 합법도 아닌 사각지대에 놓여 오랜 시간 동안 동물권과 '그들' 간의 갈등만 고조시키고 있는 것이다. 이렇듯 동물보호법이 아직 현장에서 동물들에게 적용시키기엔 문제점이 너무나 많다. 개는 도살이 불법이기 때문에 사육에 대해 허가가 나더라도 여러 가지 문제점에 부딪힌다. 그래서 숨어들어 사육을 하는 것이다.

최근에는 법이 바뀜에 따라 사육과 도살을 분류하여 하는 곳이 많아졌다. 하지만 많은 곳이 숨어들어 하다 보니 농지나 산지에 허가 신고 없이 건축물이나 시설물을 지어 놓고 하는 곳이 대부분이다. 나는 이런 부분들을 적발하여 행정처분을 받아 낸다.

현실적으로 개농장의 개들을 모두 구할 수가 없다. 개농장 도살장을 많이 다니다 보니, 적은 수의 개들의 경우 '현장에서 다행히 동물보호법을 적용하여 격리시키고 시보호소로 보내져 도살을 피하고 정상적인 사료와 밥을 먹다가 안락사라도 되어 편히 보낼 수 있다면…' 하는 생각이 들 정도이다.

100두가 넘는 개농장에서의 격리 구조 보호는 거의 불가능에 가까운 것이 현실이다. 구조를 못하면 외면해야 하는가? 아니면 도살을 막아서고 안락사를 택해야 하는가? 현장에선 항상 이런 딜레마에 빠진다.

소·돼지·닭은 되고
개는 안 되는 이유

- 두려움 -
나의 9개월의 삶은 오늘로 끝이구나

개 식용 금지가 논의될 때마다 빠지지 않고 등장하는 말이 하나 있다. 바로 "소, 돼지, 닭은 먹으면서 왜 개는 안 된다는 거야?"라는 질문인데, 개고기를 먹지 않는 사람 중에도

'개 식용 여부는 개인의 자유이자 선택의 문제이지 국가에서 강제로 금지하는 건 옳지 않다.'고 생각하는 사람들이 있다.

지난해 '개 식용 금지에 대한 대중 인식' 설문 조사에 따르면 '향후 10년간 개고기를 먹을 의향이 있다.'는 응답은 12.9%로 지난 10년간 개고기를 먹어 본 비율(21.7%)보다 낮았다. 그런데 10명 중 8명은 개고기를 먹지 않음에도 개 식용 금지에는 반대를 한다거나 관심이 없다.

그럼 왜 개만 먹지 말라는 것일까? 반려동물이라서? 사람과 친하고 감성적인 동물이라서? 내 생각에 이런 얘기들은 개 식용 문제에 관심 없는 사람들에게 오히려 설득력이 떨어진다.

그보다는 대부분 소·돼지·닭처럼 허가나 신고를 받지 않고 사육을 하며 이제는 도살마저도 불법으로 정해져서 개는 위생적으로 유통될 수 없기 때문이다. 물론 위생적으로 유통된 적도 없지만 말이다. 개 식용이 얼마나 비위생적이고 국민 건강에 악영향을 미칠 수 있는지에 대해 알아보도록 하자.

　개농장에서는 개들을 바닥까지 철망으로 되어 분변을 아래로 떨어지게 만든 케이지, 일명 '뜬장'에 가둔다. 개들은 그곳에서 도살당하기 직전까지 생활하게 되는데, 심지어 좌우로 움직일 수도 없고 앉았다 일어났다만 가능한 뜬장에 갇힌 개들도 있다.

　더 많은 개를 사육하기 위함이기도 하고 도살 시 올무를 바로 목에 걸어 움직임을 최소화하기 위함이다. 이 개들은 태어나서 8~9개월 정도 살다가 도살을 당한다. 그 정도 시간이면 개들은 거의 다 성장하기 때문이다.

　짬밥(음식물 쓰레기)을 먹이는 곳도 있고 좀 더 체계화된 곳은 법망을 피하기 위해 가열시설을 설치한 곳도 있었다. 그러나 거의 파리·모기 유충 구더기가 득실득실한 밥이었고 썩은 내가 진동을 했다. 오폐물 처리도 안 되고 음식물 쓰레기에 항생제를 넣고 끓여 먹였으며 똥오줌 냄새로 범벅이었다.

개들을 그저 살기 위해 그 밥을 먹고 있었다. 태어나 죽을 때까지 물 한번 못 먹는 개들이 많았다. 짬밥을 아주 묽게 만들어 그것을 작은 오토바이 같은 것을 타고 마치 마요네 즈를 짜 주듯이 밥그릇에 짜 주었다. 그러니 개들의 건강 상 태는 매우 안 좋아 보였고, 눈이 멀어 있는 개들도 많았다.

'사람이 먹는 음식을 먹던 개를 잡아먹으니까 사람이 먹어 도 괜찮아 오히려 좋다?' 이렇게 생각하고 말하는 사람들을 개고기 공급처인 개농장에 데리고 가서 그 개들이 어떻게 사육되고 얼마나 더러운 것을 먹으며 그곳의 악취(아마도 태어나 처음 맡아 보는 냄새일 것이다)를 맡게 해 주고 싶은 마음이다.

"개고기는 가장 비위생적인 음식이다!"

소 · 돼지 · 닭은 합법화가 되어 있다. 축산물 위생관리법 에 따라 사육-운송-도축-유통 단계까지 철저한 위생관리 가 이루어진다. 구제역, 광우병, 조류독감 등이 생길 때마 다 대량으로 살처분까지 한다. 일부 지역을 지나다 보면 차에도 소독하는 경험을 종종 접해 보았을 것이다.

 그만큼 나라에서 가장 많이 먹는 고기류이기 때문에 비상 사태까지 벌어지는 것이다. 도축하기 전에 질병검사는 기본이고 결핵검사 등을 통해 이상 부위가 나올 시 수의검사관이 바로 폐기한다. 정육점이나 마트에 들어가기 전까지 여러 가지 '합격' 필증이 필요한 것이다.

 수입고기는 공항과 항만에서 검사가 이루어진다. 이처럼 위생관리가 확실하기 때문에 우리가 정육이나 마트에서 구매하면서 '이거 먹고 잘못되는 거 아니야?'라고 걱정하는 사람은 드물 것이다.

 그러나 개고기는 다르다! 축협·농협·수협 등에서 나오는 고기가 아니다. 누가? 어디에서? 어떻게? 무엇을 먹여 키우는지 전혀 알 수 없다. 도축도 불법이지만 도축 시 어떤 사육 과정을 거쳤으며 어떤 항생제를 썼는지 소비자는 전혀 알 길이 없는 것이다.

그런데 어디서 온지도, 어떤 병에 걸렸는지도 모르는 고기를 왜 먹는 것일까? 개를 사랑하고 사랑하지 않고의 문제를 떠나서 이건 좀 문제가 있지 않은가? 보신탕집에 가더라도 원산지가 표기된 것을 본 사람은 아무도 없을 것이다. 개고기는 사실 '보신탕(補身湯)'이 아니라 우리 몸에 가장 '위험'한 음식인 것이다.

'그럼 차라리 합법화해서 안전하게 먹으면 되지 않느냐?'라고 생각하는 사람들도 있다. 하지만 축산물위생관리법의 적용을 받고 있고, 이제는 개 도살 자체가 불법이 되어 버려서 현실적으로 불가능하며, 개를 식용과 반려로 구분해 놓은 법령도 없다.

게다가 전 세계적으로 개 식용을 하는 나라는 대한민국, 중국, 베트남뿐이다. 중국도 코로나로 인해 계속해서 줄여가는 분위기이며, 이 두 국가는 공산국가이다. 그렇게 보면 대한민국은 세계 유일의 개 식용 민주국가인 셈이다.

들어 보셨는지 모르겠지만 박지성 선수가 프리미어 리그

에서 활동할 때 '개고기송'까지 만들어져 조롱을 당했다고 한다. 그 뒤를 이어 손흥민도 마찬가지이고, BTS까지 대한민국의 국민이란 이유로 손가락질을 받는 사태가 벌어졌다.

그렇게 몸에 좋은 음식이라면 왜 88올림픽 때도 보신탕집의 영업 제한을 뒀었고, 세계정상회의 때마다 비판의 대상이 되곤 하겠는가? 그렇게 감춰야 하는 것이라면 이제는 사라져야 하는 것이 맞지 않을까?

불법 도살 유통,
그 불편한 진실

- 당신을 하염없이 -
기다리고 있어요…

개들은 보통 개농장에서 사육되어 8~9개월을 살다가 도살된다. 도살장을 가진 대규모 개농장도 있고, 사육만 하고 도살은 다른 곳에서 개농장도 있다. 현재 도살 자체가 불법이기 때문에 도살장을 같이 운영하는 개농장은 점점 줄어드는 추세다.

개의 유통 경로는 개를 사고파는 '경매장', 개를 사육하는 '개농장', 우리가 흔히 볼 수 있는 '개장수'를 통해 주로 이루어진다. 개장수들이 주로 시골에서 "개 삽니다!"를 외치고 돌아다니며 개를 싼값에 사 오거나 유기견을 포획해서 잡아다가 무게를 달아 넘기는 곳이 '경매장'이다. 그렇게 팔린 개들은 진짜 업자들, 도살장이나 보신탕집을 운영하는 사람의 손에 넘어간다.

개들은 무게를 달아 판매되는데, 경험상 개농장에서 구조한 애들은 병원에서 검사할 때 심장사상충이나 진드기 파보 등 심각한 병에 안 걸린 아이들이 없다. 개농장에서는 분명 살아 있었는데 구조 후 대부분이 사망하는 사태가 많이 벌어졌다.

의사 소견으로는 개농장의 환경상 병에 안 걸릴 수가 없다고 한다. 도살하기 전 8~9개월만 버티면 되기 때문에 밥에 항생제를 넣어 억지로 버티게 만드는 것이다. 실제로 내가 갔던 개농장에서 약병이 심심치 않게 발견되었다. 이것도 불법이다. 약품을 허가 없이 사용하는 것도 수의사법 위반이기 때문이다.

개농장은 말 그대로 개를 사육하는 농장이다. 100마리 이상 사육하는 곳은 뜬장 위에 분필로 날짜를 적어 놓은 것을 볼 수 있다. 이는 도살당하는 날짜를 뜻한다. 도축이 되어 보신탕 집으로 가는 것이다.

3년간 갔던 개농장, 개 도살장의 도살법은 가지각색이었으나 보편적으로 많이 하는 방법이 아주 작은 케이지에 움직임이 거의 없도록 구겨 넣은 채로 도살장으로 이동시켜 먼저 물을 뿌리고 전기봉(이것도 허가를 받아야 하는 기구이다)으로 감전시키는 것이다. 이는 케이지에서 꺼냈을 때 도망을 막거나 원활한 도살을 위하여 하는 밑작업이다.

감전으로 죽는 개도 있겠지만 대부분 살아 있다. 움직임이 보이는 개들이 있으면 추가적으로 망치로 머리를 가격하거나 칼로 폐나 목을 찌른다. 그리고 일명 '통돌이'에 넣는다. 이는 개들의 털을 뽑는 기구로, 원래는 닭털을 뽑기 위해 유통되던 것인데 '그들'이 개조하여 크게 제작해 각 도살장마다 비치하고 있다.

털이 다 뽑힌 개들은 다음 작업으로 대형 토치(캠핑에서 나무에 불을 붙히기 위해 쓰는 도구)로 남은 잔털들을 태워 제거한다. 이 작업이 끝나면 통으로 이동하는 경우도 있고, 내장을 꺼내어 해체 작업 후 보신탕집이나 재래시장으로도 유통된다.

마트에 가면 물도 삼다수인지 아이시스인지 따지고
계란 하나 우유 하나 브랜드 확인하고 유통기한,
심지어 해썹 마크까지 깐깐하게 확인하면서
출처도 원산지도 필증도 그 어떤 검사도 받지 않은
'개 사체'를 왜 먹고 있는 것인가?

이제는 곰곰이 생각해 볼 때이다.

식용견과 반려견은
과연 다를까?

- 반려견 & 식용견 -

당신은 개를 똑같은
"개"로 보십니까?

반려견을 키우면서도 식용견과 반려견을 구분하는 사람들이 있다. 경험담을 얘기해 보자면, 개농장으로 현장 출동하였다. 그곳엔 항상 크고 작은 가지각색의 목줄이 한쪽에 쌓여 있었다. 이런 아이들은 다 어디에서 오는 것일까?

도살당하는 아이들의 종은 도사견이나 진도믹스들로 알고 있지만, 실상은 그렇지 않다. 작은 발바리들부터 시작해서 품종 소형견 가리지 않고 식용이 되는 경우를 늘 봐 왔다. 몸무게가 킬로수가 나가는 아이들은 주로 고기화가 된다. 그리고 킬로수가 적게 나가는 아이들은 주로 건강원으로 가서 개소주가 되는 경우가 많다.

그렇다면, 지금 내 옆에 사랑스럽게 자고 있는 아이들은 식용, 번식견과 전혀 상관없는 아이인 걸까? 평소엔 식용과 반려를 구분하면서 정작 나의 강아지가 사라진다면, 가장 먼저 걱정하게 되는 상대는 그 누구도 아닌 '개장수'이다. 이건 참 모순이 아닐까 싶다.

그럼 이번에는 펫샵과 번식장에 대해 알아보자. 펫샵에서 선택받지 못하고 커 버린 개들은 어디로 보내질까? 소형견일지라도 상품 가치가 없어진다면 여자아이는 번식견으로, 남자아이는 식용견이나 미용학원 등으로 보내진다.

혹시 '할인'이란 피켓이 붙어 있는 것을 본 적이 있는가? 그런 이유인 것이다. 이제 알겠는가? 전혀 관계 없는 일이 아니다. 이것은 '악순환의 반복'이다. 우리가 흔히 볼 수 있는 쇼케이스에서 재롱을 부리는 개들의 현실이 과연 자연스러운 것인지, 한 번쯤 생각해 볼 일이다.

물론 이미 전국적으로 많아진 펫샵을 없애기란 현실적으로 힘들다. 하지만 이 아이들의 출처와 유통 과정을 알게 된다면, 펫샵의 문제점을 쉽게 알 수 있을 것이다. 팔리지 않는 아이들의 끝은 결국 식용견이나 폐기 처리된다. 그 끝은 예정되어 있고 정해져 있는 아이들···. 이효리 씨를 비롯한 연예인들이나 동물단체에서 외치는 슬로건을 본 적이 있을 것이다.

"사지 말고 입양하세요."

다른 나라의 경우에는 개를 입양할 때 시험을 본다고 한다(자격증). 분양이라는 말도 없다. 거의 무조건 '입양제'이다. 일정 시간 동안 산책을 시키지 않으면 벌금형이 나온다. 이를 어떻게 적발할 수 있는가 하면, 개를 키우는 주인은 이웃끼리 서로가 서로의 CCTV인 셈이라고 한다.

이것이 서로 간의 약속이며 그 사람들의 개의 대한 '인식'인 것이다. 결국 가장 중요한 것은 개에 대한 개인들의 인식이다. 동물애호가 지상렬 씨의 유명한 일화가 있다.

"저는 절대 개를 먹지 않습니다.
동네 어른들이 키우던 개를 때려서
거의 실신시킨 후 팔팔 끓는 솥에 넣었어요.
근데 그 개가 필사적으로 다시 나왔어요.
온몸에 화상을 입은 채로….
뛰어나와서는 마당에 있던 주인을 보자,
그 앞에 앉아서 꼬리를 막 흔들더라고요.
그때 깨달았어요. 아… 개는 먹는 게 아니구나."

'그들'과 우리,
서로의 입장

현장에 가면 수십 년간, 최소 20년 이상 지속되었던 모습을 발견할 수 있다. 뜬장이 말해 주는 세월의 흔적에서 알 수 있듯이…. 그들은 오랜 시간을 이어 온 생업이라고 주장하며 자신을 농민이라고 칭한다. 하지만 농가 농민이라고 주장하려면 허가를 받고 신고를 해야 한다(축협이나 수협에).

그런데 이들이 허가나 신고를 받은 경우는 거의 없다. 민원을 넣을 때마다 느끼지만 법령, 예를 들어 건축, 개발행위, 허가, 농지법, 폐기물법 등 모두 위반된 사례들이 투성이였다. 그렇다면, 허가를 받고 세금을 내는 일반 농민들은 '그들'을 어떻게 생각할까?

나도 자영업을 하는 입장에서 부가세며 종소세, 카드 수

수료 등을 모두 내면서 '그들'을 보면 무척 화가 난다. 실제로 나는 동물권을 대변하는 입장에서가 아닌 자영업자를 대변하는 입장으로 민원과 요청서를 들고 대통령 민원실에 제출했던 적도 있다.

과거 한정애 장관 시절 개 식용 금지에 대한 발의가 있었지만, 아직도 통과되지 못하고 계류 중이다. 한정애 의원님 인터뷰 중 이렇게 불법투성이인데도 종식시키지 못하는 이유가 무엇인가에 대해 질의했다. 답변은 "무관심"이었다.

유튜브나 인스타 등에서 우리의 관심사에 대해 AI가 판단을 하고 알고리즘으로 동물권에 대한 영상이나 사진을 띄워준다. 많은 분들이 관심을 갖고 계시는 건 사실이지만 우리나라 인구수에 대비해 보면 2~3% 수준에 불과하다.

잔인한 걸 보고 싶어 하는 사람이 얼마나 되겠는가? 예쁜 것, 행복한 것만 보고 싶은 것이 사람의 심리이다. 유튜브 알고리즘만 보더라도 행복한 강아지들의 일상을 담은 영상의 조회수가 가장 높다는 것을 알 수 있다. 물론 나 또한 그

랬었다. 반려 인구 1,300만 시대라 하지만, 정작 음지의 아이들에게 관심 갖는 인구는 극소수에 불과하다.

'그들'은 본인들을 "농민"이라고 부른다. 그리고 논의기구에서 개 식용 종식에 동의해 줄 테니 각 농가마다 전업비용으로 10억 원씩의 지원금을 달라고 주장한다. 나라에서 회의를 할 때마다 기한은 자꾸만 연장되고 별 진전은 없었다. 대선 때마다 개식용에 대한 공약은 항상 나왔으나 정작 당선되고 나서 바뀐 것은 거의 없는 실정이다.

관심의 사각지대,
시골개

- 식용 -

국견이지만
우리나라에서 가장 많이 잡아먹히는 진도

어릴 때 나는 개들이 시골에 가면 자유롭게 뛰어놀고 편히 지낸다고 생각했었다. 그 당시에도 키우다가 힘들어지면 어른들이 시골로 보내라는 말을 종종 했었던 것 같다. 그런데 알고 보니, 바로 여기서부터 인식이 잘못되었던 것이었다.

흔히 시골개, 똥개를 이르는 말로 요즘 '시고르자브종'이라고 한다. 시골에 가면 흔히 볼 수 있는 진도믹스, 일명 '백구'가 가장 많은 종이다. 하지만 우리나라의 국견인 진돗개는 도사와 같이 개 식용으로 가장 많이 죽임을 당하는 견종이다.

진도군청에서는 혈통 확인이 된 진돗개만 인정한다는 입장이다. 그야말로 어처구니가 없는 일이다. 자랑스러운 천연기념물이 정작 우리나라에서 가장 인기 없는 견종이며 시골 똥개로 전락해 버렸다. 이것은 진도군의 문제이며 나라 망신이다. 국견을 먹는 나라가 된 것이다.

개장수들이 트럭을 몰고 돌아다니면서 확성기로 외친다. "개 삽니다!" 대부분 시골개들은 중성화 없이 각 가정에서 많은 수의 개를 출산하고 이를 이웃이나 지인에게 나누어 주거나 개체수가 많아지고 커지면 개장수에게 넘기거나 직접 잡아먹기도 한다.

집과 밭 지키는 개? 내 경험상 '지키는 개'조차도 그 이름처럼 용맹한 게 아니다. 똑같이 두려움을 느끼고 1m 남짓의 목줄과 좁은 개집 속에 몸을 비집고 숨어 버린다. 그리고 며칠 후면 그 아이는 사라져 있고 또 다른 어린 강아지로 대체되어 있다. 게다가 요즘 세상이 얼마나 좋은가? 집 지키는 CCTV도 월 3만 원대로, 개 사료값보다 저렴하다. 뭐, 사료 주는 집을 거의 보진 못했지만….

대부분 연령대가 높은 시골에서 이러한 인식을 바꾸기란 쉽지가 않다. 그래서 1m 목줄에 묶인 백구가 더 이상 집을 지켜 주지 못한다는 교육을 기업이나 업체에서 나서서 해주길 바라면서 여러 경호 · 방범 업체에 요청 중이다.

"시골개들은 원래 그렇게 키워요."

평생 담장 너머를 볼 수 없는 속박된 개들의 삶. 어찌 보면 가장 불쌍한 아이들. 더위와 추위에 항상 방치되어 있고 짧은 목줄에 평생 살다가 아파도 아프다 말도 못하고 생을 마감한다. 살인을 저지른 죄수도 이렇게는 살지 않는다.

시골 사람들은 개들이 추위에 강하다고 생각한다. 털에 따라서 특성이 있지만 당연히 단모종 개들은 추위를 잘 느낀다. 한겨울에 제대로 된 집도 없이 방치된 시골개를 구조하러 갔다가 아무 이상이 없다는 공무원에게 물었다.

"당신은 패딩을 입으면 영하 15도의 날씨에 하루 종일 밖에 있어도 안 추워요? 패딩만 입으면 겨울 내내 밖에 있어도 무적입니까?"

어쩌면 우리가 너무나 당연시 여기고 있는 것들이 사실은 동물학대임을 알아야 한다. 오늘날 세대에서는 변화해야 하는 것들이 있다. 옛습에서 비롯된 것이라도 잘못된 것은 바로잡고 고쳐야 한다. 인식의 변화가 일어나지 않는 이상 악순환은 반복될 뿐이다.

길고양이 학대와
공존 사이에서

◗

최근 크고 작은 고양이 학대 및 살해 등의 기사를 심심치 않게 접할 수 있다. 개와 달리 고양이는 길이나 주택단지에서 자주 마주칠 수 있다. 과거 아파트보다는 단독주택이 많았던 시절이 있었고, 단독주택은 고양이가 생활하는 데 아주 좋은 환경이 되어 주었다.

하지만 아파트 시대로 넘어가며 고양이들의 생활환경도 달라졌고, 공동생활을 하는 아파트에서 음식물 쓰레기를 파헤친다거나 소음 등으로 인한 피해를 호소하는 사람들이 많아졌다. 그 뒤로 길고양이에 대한 인식이 나빠졌고, 사람들도 기피하는 대상이 되었다. 결국 고양이들은 사람들의 눈을 피해 생존을 위한 자신만의 서식지를 구축해 왔다.

도심의 포식자가 되어 버린 고양이는 한 번의 임신으로 1~7마리까지 새끼를 낳는다. 이러한 번식력 또한 길고양이의 개체수를 늘리는 데 한몫했다. 이러한 가운데 불편해하는 사람들과 또 그것을 안타깝게 여기는 사람들 사이의 갈등 또한 커져 가고 있다. 이에 따라 고양이 급식소나 밥 주는 것을 혐오하여 그것을 파괴하거나 과격한 문구 등으로 협박하는 등 사회적인 문제로 번져 나가고 있다.

　대부분 고양이들에게 밥을 주는 사람들에게 '캣맘' 또는 '캣대디'라고들 부른다. 이분들은 길고양이의 안타까움에 본인들의 시간을 쪼개서 정해진 장소에 밥이나 물을 주고 때론 약을 먹이며 케어를 해 준다. 불편해하는 사람들의 말에 따르면, 밥을 이렇게 주니까 환경이 더러워지고 고양이가 많아진다는 의견이다. 물론 무분별하게 급식소를 만들어서 불편함을 주는 행위는 서로를 불편하게 한다.

　고양이를 좋아하는 사람도, 싫어하는 사람도 있을 것이다. 필자는 고양이의 고달픈 삶을 얘기하려는 것이 아니다. 고양이에 대해 잘 알아야 서로 적대시하지 않고 공존할 수 있는 분위기를 만들 수 있다는 얘기를 하고 싶다.

길고양이의 수명은 3년 정도이다. 나라에서는 이러한 길고양이의 문제점을 해결하려 TNR(포획trap/중성화neuter/방사return) 사업을 시행하고 있다. 이 사업이 제대로 이루어지려면 고양이를 무작정 싫어할 것이 아니라 특성을 알려고 노력해야 한다.

고양이에게 일정한 장소, 시간에 밥을 주면 그 시간에 얼추 맞춰서 고양이가 온다. 그냥 포획틀을 설치해 놓았다고 잡을 수 있는 것이 아니라는 얘기이다. 그 장소에 오는 고양이에 대해 잘 아는 분이 필요할 것이고, 그로 인한 도움으로 각 지자체에서는 이런 데이터를 가지고 포획하여 TNR을 시행한다.

길고양이가 쓰레기봉투를 헤집는 건 먹을 것이 없어서이다. 원래 작은 동물을 사냥해 먹고 사는 고양이는 도심에서 사냥할 일이 없어지자 사람들이 버린 음식물 쓰레기를 뒤져서 먹고 살게 되었다.

그러나 영역동물인 고양이의 습성을 아는 분들이 늘어나며 각 지정된 곳에 급식소를 설치하고 일정한 시간에 밥과 물을 주고 있다. 이로 인해 쓰레기봉투를 뜯는 일이 많이 줄어들었고 TNR 사업에도 많은 도움이 되는 것이다.

이제 이해가 되는가? 쉽게 말해, 밥을 줘서 고양이가 늘어나고 더러워지는 게 아니라 오히려 깨끗해진다는 얘기다. 문제가 있다면 TNR 사업을 제대로 실행하지 않는 정부 지자체에 있는 것이지, 캣맘이나 캣대디에게 있는 게 아니란 얘기다.

이러한 내용을 모른 채 고양이를 '털바퀴'라고 부르며 잔혹하게 살해하면서 본인들의 욕구를 풀고, 심지어 이를 SNS에 과시하며 우리들의 반응을 즐기고 캣맘들을 협박하는 사례가 늘고 있다.

2022년 3월 5일 방영된 〈실화탐사대〉에 인터뷰를 한 적이 있었다. 범죄 대상이 사람이 아닌 고양이일 뿐이었지, 범죄 수준은 거의 연쇄살인에 가까웠다. 물론 고양이가 싫다고 다 그런 건 아니라고 생각한다. 단지 최약자인 동물을 범죄 대상으로 삼았을 뿐이다. 서로에 대한 이해, 약자에 대한 이해 가 그 어느 때보다도 필요한 시점이다.

- 학대 -

나의 두 눈은
멀었다…

개와 고양이에 관한

15인의 인터뷰

동물에 대한 인식의 변화를 꿈꾸며

가수 헬로비너스 유아라

현재 본업을 하면서 동물들을 구조하는 일을 하고 있다. 뜬 장에서 사는 친구들이 식용으로 이용된다는 것을 알게 되었는데, 우리나라가 선진국임에도 불구하고 이런 일이 발생한다는 것이 창피했다. 집에서 키우는 친구들만 잘 지내는 것이 미안하고, 사람이랑 똑같이 생각하고 느낄 수 있는 동물인데 먹는 용도로 이용된다는 것이 아쉽고 불쌍한 마음이 커서 시작하게 되었다.

●

개인 활동가로서 우리나라 동물단체가 지양해야 한다고 생각하는 점

아이들을 구조하고 케어하는 데 있어 돈이 물론 중요하긴 하지만 동물에 의한 것이 주목적이 되어야 하는데, 이슈에 치우치는 모습이 아쉽다. 또 국가적인 차원의 지원금이 필요한데, 단체와 개인 모두 너무 힘든 싸움인 것 같다. 위에서 바뀌지 않는 이상 희망이 없다는 생각이 든다.

대부분이 중성화를 하지 않아서 구조를 해도 개체수가 줄어들지 않고 늘어나고 있다. 동물보호법이 강화되어서 길냥이, 길멍이들의 중성화 수술이 강화되었으면 좋겠다. 의료보험 제도도 미비한데, 중성화 사업의 혜택이 강화되었으면 좋겠다.

법이 개정되고 인식이 바뀌려면 윗사람들의 행동이 중요한데, 너무나 관심이 없고 공약에 있다 하더라도 지켜지는 경우를 보지 못했다. 동물복지 현실은 너무나도 참담하다. 동물복지에 대한 시민과 나라의 의식이 변해야 한다. 나라에서 지원해 주는 것으로는 한계가 있어 나도 적금을 몇 개 깼다.

●

구조 활동을 하며 힘들었던 점과 바라는 점

최근에 구조를 해서 입양을 보낸 강아지가 있는데, 그 강아지가 입양 하루 만에 죽임을 당한 일이 불과 지난주에 있었다. 지금이 인생에서 가장 어두운 터널을 걷고 있는 시기 같다. 가장 화가 나는 것은 가해자의 태도였다. 동물보호 법이 너무 약하니까 경찰에 신고한다는 말에도 아무 영향이 없다. 현재 고소를 앞두고 있지만 가해자가 벌을 받지 않을 것이란 사실을 알고 있다. 이런 일을 겪을 때 가장 그만두고 싶어진다.

재물손괴죄만 적용되는 현실에 무력해진다. 반려동물 사업은 갈수록 커지고 다양해지고 있는데 인식은 갈 길이 멀다. 정말 작은 것 하나만 하더라도 그 강아지에게는 세상이 바뀌는 일이니까 조금의 관심을 가져 주었으면 좋겠다. 동물이 물건 취급되는 인식은 꼭 바뀌어야 한다. 인식 변화가 얼마나 중요한 일인지 새삼 깨닫는다.

개 식용 종식을 위하여

한정애 의원(전 환경부 장관)

동물보호법 개정안도 내놓은 상태이다. 아직 계류 중인 개 식용은 반드시 종식되어야 한다고 생각한다. 내가 먹어 본 적은 없으나, 주변에 드시는 분들이 많다. 인사를 하거나 상황상 보신음식을 하는 장소를 가야 하는 경우가 종종 있다. 보신탕 외에 다른 음식도 있지만 먹기가 쉽지 않다. 조리기구 등을 같이 사용할 것이 아닌가? 그러다 보니 거의 못 먹고 그냥 나오는 경우가 더러 있다. 과거보다는 확실히 가게가 많이 없어졌고, 이제는 안 먹는다는 국민적 공감대가 전체적으로 커진 것 같다.

●

개 식용 금지에 대한 법안을 발의하게 된 계기

어릴 때 죽었다 살아난 경험이 있다. 그 경험 이후 생명을 가진 존재에 대해 생각하게 되었고, 나이가 들면서 그것에 대한 생각이 점점 더 깊어졌다. 생명의 무게라는 것은 어떤 것은 가볍고 어떤 것은 무겁다고 가를 수 있는 것이 아니다.

또 하나는, 우리가 발 붙이고 사는 이 지구가 인간만의, 인간을 위한 별은 아니라는 점 때문이다. 물론 인간이 엄청난 문명을 이루기는 했지만 그 과정에서 많은 희생들을 요구했다.

인간이 훨씬 더 현명한 동물이라고 하니 이제는 그 현명함을 이용해서 지구상에 존재하는 생물들과 공존하는 방법을 고민할 때가 온 것 같다. 그 과정에서 보면 우리가 이미 축산이라고 해서 먹는 것들도 있는데, 반려동물화되어 있어서 가족의 개념이 도드라지고 있는 동물까지 꼭 그렇게 식용해야 하는가에 대한 생각이다.

세계적으로 보면 개를 식용하는 국가는 우리하고 중국, 베트남 정도밖에 되지 않는다. 대한민국이 선진국이라고 하는데, 대개 선진사회로 갈수록 동물권이 높아지는 상황에서 반려동물에 대한 시각을 달리할 필요가 있다. 이제는 식용의 개념에서 빼는 것이 맞다. 그래서 법안을 내게 된 것이다.

개 식용 금지에 대한 법안이 아직도 계류 중인 이유

문재인 정부 말에 개 식용 종식을 위한 사회적 위원회를 뿌렸고, 거기에 관련 부처들과 육견협회 동물보호단체 들어가 있는데 육견협회의 반발이 크다는 이유로 사실 논의가 잘 진행되고 있지 않다. 이것은 정부의 의지가 필요한 부분이다. 벌써 1년이 되어 가고 있다. 더 이상 접점이 만들어지지 않는다면 이제는 정부가 결단을 내려야 하는 시기이다.

참고로 식약처에도 질의를 많이 했었고, 식약처가 2월 말에서 3월에는 점검을 나갈 예정이다. 혹시나 개 도살장과 관련된 자료를 주시면 저희가 이를 활용하여 점검해 보라고 하겠다. 식품위생법을 적용해서 경고 조치도 할 것이다.

개에 대한 식품법령과 그에 따른 제재

축산물 위생관리법과 관련한 것이다. 식품위생법은 식품이라고 하지 않는 것을 만약 식품으로 하는 경우에 제재를 가

할 수 있다.

개는 축산물 위생관리법상 축산물에 들어가지 않는데 식품으로 유통하고 있지 않은가? 그것도 굉장히 비위생적으로. 그래서 위생적인 부분에 대해서는 문제 제기를 충분히 할 수 있다.

　식약처가 지방자치단체와 직접 나가기로 점검 계획을 세웠기 때문에 이번에는 조금 다를 것이다. 우선 1차 점검을 하고 문제 제기 이후 계속될 경우에 대해선 제재를 가할 예정이다. 점검을 하는 것 자체에 굉장히 큰 의의가 있다고 생각한다.

●

동물보호법에 대한 문제점

법의 문제는 아니라고 본다. 형량이나 벌금은 굉장히 센데 양형의 문제라고 본다. 이제는 사법부의 문제이기도 한데, 최근 들어 사법부가 내리는 선거의 형량들이 점점 강화되고 있다는 점에서 주목할 만하다. '동물은 더 이상 물건이 아니다.'라는 내용의 민법개정안이 통과되고 나면 양형이 훨씬 강화될 것이라 본다.

●

동물단체나 개인 활동가들이 지향해야 할 중요한 점

최근 들어 동물 보호 관련 단체들이 굉장히 급속도로 늘어나고 있는데, 이로 인한 사회적 갈등도 있다. 학대받고 있는 동물들을 이용해서 사사로운 영리를 취하는 사람들이 있기 때문이다. 이런 사람들이 현장에서 굉장히 고생하면서 열심히 활동하는 활동가들을 오히려 어려움을 처하게 하는 상황이 벌어지고 있다.

이를 위해 활동가들 간에 네트워크를 만드는 것이 좋을 것 같다. 그 네트워크를 통해서 만약 부적절한 활동을 하는 활동가가 있다면 보호단체 내에서도 제재를 가하는 것이다. 이렇듯 활동 제재 및 퇴출에 관한 가이드라인이 공유되고 내부적인 자정들이 이뤄질 수 있다면, 일반 국민들이 봤을 때 동물 보호 활동이 잘 이뤄지고 있구나 알 수 있을 것 같다. 그런 의미로 네트워크 구축이 이뤄져야 하지 않을까 생각한다.

그리고 일반인들 중에서도 캣맘, 캣대디들이 정말 많은데, 사유재산에 해당하는 곳에 허가 없이 고양이를 위한 자리를 만드는 경우가 있다. 자신의 소유인 곳이 아닌 공공의 장소나 타인의 사유재산을 침범하는 것은 사회적 갈등을 불러일으킬 수밖에 없다. 동물을 생각하는 만큼 주변 구성원들도 생각하여야 하고, 그들로부터 충분하게 양해를 구해야만 그 밥자리가 유지될 수 있다. 그렇지 않으면 오히려 그 자리에 먹이를 찾으러 오는 아이들을 해코지할 가능성도 있다.

동물을 보호한다고 하면서 오히려 동물들을 위험에 빠트리는 상황을 만들고 있지는 않은지, 일반 국민들에게 없던 편견을 만들고 있는 것은 아닌지 점검해 봐야 한다. 동물을 사랑하는 마음이 있는 만큼 주변의 일반 시민들과 충분한 협의와 양해를 구해 배려받고 일이 진행될 수 있도록 해야겠다.

그동안 잘해 왔던 지역까지 타격을 입는 경우도 많다. 가능하면 TNR을 반드시 해서 분양으로까지 이어질 수 있도록 노력하는 것도 필요할 것 같다.

향후 계획

개 식용 종식 위원회의 결과를 보고 있는데, 합의를 이루지 못한 채 정리가 될 것 같다. 그렇다 하더라도 그때까지 논의된 결과물을 토대로 해서 개 식용 종식을 위한 특별 법안을 낼 계획이다. 거기에는 육견협회에서 요구하는 일종의 지원 보상 체계 등을 포함시킬 예정이다.

어쨌든 타 업종으로 전업하려면 일정 부분 국가로부터 지원을 받아야 한다. 개 식용 종식을 빨리 이루기 위해서 전업 전환을 위한 지원 또한 빠르게 준비해야 할 것이다. 개 식용 종식을 위한 특별법은 그 업에 종사하고 있는 사람들을 빨리 전환시키기 위한 여러 가지 정책을 만드는 것이다.

지금 계류되어 있는 동물보호법 안에서 개와 고양이를 식용으로 금지하는 법안과 개 식용 종식을 위한 특별법, 이 두 가지가 잘 진행될 수 있도록 할 것이다. 그런데 21대 국회가 얼마 남지 않아 잘 안 될 가능성도 있다. 만약 내가 22대 국회에 돌아올 수 있다면 다시 빨리 법안을 내서 22대에서는 반드시 통과될 수 있도록 최선을 다할 것이다.

제주도 개농장 실태를 고발합니다

제주도 행복이네 고길자

24년 전, 우리 집에 들어온 유기견이 있었다. 그때 당시에는 유기견인지 잘 몰랐지만 지금 생각해 보니 유기견이었던 것 같은데, 우리 집 앞마당에 들어와서 새끼를 낳았다. 노란 발바리였는데 어느 날 보니까 마당 구석에 있던 책상 의자 밑에 새끼 8마리를 낳았더라. 그 아이들을 거두면서부터 계속 늘어나고 입양도 보내고 하면서 보호소를 시작하게 되었다. 제주도에서 보호소를 운영한 지 올해로 24년째이다.

●

보호소 운영 전 직업

그전에 나의 직업은 다양했고 아주 화려했었다. 지금은 현대카드라고 하는 그때의 다이너스 카드의 제주 지점장으로도 있었다. 관광버스도 운영했었고. 그래서 '회장님' 소리

들으며 비서 딸린 자가용도 타고 다녔다.

계속했으면 좋았을 테지만 IMF를 겪으면서 망했다. 그때 IMF 터지면서 제주도 관광업체는 다 망했다. 당시 전무가 어음이 터지면서 모든 책임을 내가 지고 해결해 줬다. 그러면서 남의 집 셋방살이를 시작했고, 소문에 죽었다 자살했다 별 소문이 다 났어도 동물한테 기대면서 지금까지 꿋꿋하게 살아왔다.

●

제주도 개농장의 실태

제주도에 개농장이 있다는 것은 한 8년 전부터 알았다. 강아지를 많이 키우는 농장이 있다는 것은 알았지만, 그곳이 개 식용을 목적으로 키워 도살하는 개농장이라고는 생각 못했다.

그런데 8년 전에 아는 동생에게 제보를 받아 처음으로 그곳을 덮치게 되었다. 개농장을 치러 온 단체를 알게 되어 함께 갔는데, 그때 간 개농장에는 118마리의 개가 있었다. 그래서 15일 동안 격리 조치했다.

우리나라 최대 관광도시인 제주도에는 개농장이 정말 많다. 하지만 보신탕집은 별로 없다. 여기서 직접 잡아서 배를 타고 올려보내는 시스템이다. 처음 시작할 때는 70~80군데라고 알고 있었다. 그것도 많이 없어진 거라지만, 아쉬운 부분이 있다. 제주도가 특별자치구역이다 보니 도지사 권한을 행사할 수 있는 영역이 크다. 2016년부터 도지사가 축사 허가를 무분별하게 줬다. 그래서 타 지역에서 허가를 받지 못하는 사람들이 다 제주도에 내려와 허가를 받았다.

그 과정에서 소인지 돼지인지 확인도 이루어지지 않았다. 소, 돼지, 말, 닭, 염소 같은 동물에게 부여하는 축사 허가에 왜 강아지가 들어가 있어야 하는가? 여러 번 이야기했으나 그때 나는 개인 보호소이고 알려지지 않은 사람이다 보니 귓등으로도 들어 주지 않았다.

사단법인으로 출근한 지 1년이다. 사단법인을 왜 만들었냐고 물어보는 사람이 아직도 있다. 내 대답은 하나다. 행정과 싸우기 위해서이다. 개인이 이야기하니 들어 주질 않아 영향력을 행사하고자 사단법인을 만든 것이다.

●

동물보호단체에 바라는 점

내가 알기로 크고 작은 규모를 다 포함하여 현재 개농장이
50여 군데 있다. 이제는 전처럼 대규모로 하지 않고 여러 군
데로 나눠서 하더라. 주인은 1명인데 여러 군데로 쪼개서
강아지를 놔두고 필요할 때 도살하는 것이다. 제주도에는
동물단체도 있는데 개농장에 관심 있어 하는 분들이 많이
없는 것 같다.

강아지들을 축사에서 왜 이렇게 많이 키워야 하는가. 이
유 없이 키우진 않을 것 아닌가? 말 그대로 반려견이다. 주
인이 있으니 반려견이다. 주인이 없다면 유기견이고. 식용
의 목적이 아니고서야 이 많은 반려견을 왜 같은 축사에서
키워야 하는가?

소, 돼지, 말 같은 동물들도 마찬가지겠지만 그들은 이미
도살 허가를 받았기 때문에 어쩔 수 없다 하더라도 도살 허
가를 받지 않은 강아지들만이라도 못하게끔 막을 수 있도록
도에 확인을 요청해 주었으면 한다. 제주도 차원에서 그 부
분을 확인할 수 있도록 동물보호단체에서 움직여 주었으면

한다.

　현실적으로 법이 바뀌어야 해결할 수 있는 문제라고 본다. 특히 제주도가 조용한 이유는 지역이 좁다 보니 여기저기 아는 사람, 친인척이 많아서 더 움직이지 않는다. 그래서 안면 몰수할 수 있는 육지 사람, 안똘님 같은 분이 많이 내려와서 함께 싸워 줘야 한다.

　나도 앞으로 개 식용 종식을 위해서 끊임없이 노력하겠다.

개는 가축이 아니다, 유기견 대모의 외침

배우 이용녀

어렸을 때 아버지가 워낙 동물들을 좋아하셨다. 집에 개가 11마리 있었다. 그렇게 애기 때부터 집엔 늘 개가 있었다. 중·고등학교 때도 하교길에 재래시장을 들러 상품 가치가 없는 생선 대가리, 닭발, 닭 대가리, 배추 잎사귀 등을 얻어 가지고 가는 게 일상이었다. 그러면 아버지는 솥 두 개에다가 한 솥에선 밥을 하고 나머지 솥에는 생선이랑 야채 등을 끓여 개들에게 비벼 주셨다. 그것이 일상이었고, 그 삶은 지금까지 이어지고 있다.

●

버려진 개들과 함께하게 된 계기

대학 졸업 후에 자기 삶에 바빠진 다른 가족들과는 달리 항상 반겨 주는 개들에게 아버지는 더 의지하셨고, 그랬기에 나는 개들이 항상 함께 사는 아이들이라고 생각했다. 아버지가 돌아가시고 난 후 가족들이 흩어져 살게 됐다. 나는 이모 옆에서 살게 되었는데 길거리에 버린 개들, 다친 아이들이 있었다.

외진 곳에 살아 인터넷도 잘 몰라 개들이 버려지고 있다는 사실을 알지 못했던 나는 처음 그 소리를 들었을 때 믿지 못하였다. 하지만 진짜였다. 그 사실을 알게 된 직후부터 아이들을 모으기 시작했다.

그렇게 15마리씩 데려오게 되었고, 당시 세를 살던 곳에서 나가라고 했다. 당시 왕십리에 아파트 짓느라고 전부 다 철거되고 빈집이 많은 동네가 있었는데, 그곳으로 집을 얻었다.

공사 시작하면 나가겠다고 각서를 쓰고 이 집에 7마리, 저집에 10마리 여기저기 집집마다 놓고 관리를 했다. 2년 반지나니 공사를 한다고 나가라고 하더라.

그래서 허허벌판 하남으로 이사했다. 그렇게 해서 시작하게 되었다. 유기견을 입양 보내면 된다고 해서 열심히 애들만 위해 살았다. 내가 보낸 애들만 1,700마리가 넘고 지금도 예약이 많다.

●

여의도 국회 앞에서 시작한 1인 시위

10년쯤 전에 내 팔이 부서져라 해도 끝이 없더라. 그럼 어떡하면 좋을까 생각하는 중에 누군가 법으로 하면 된다고 말해 줬다.

그럼 법을 어디서 하느냐 물으니 국회에서 하면 된단다. 국회는 어디 있느냐 물으니 여의도에 있단다. 그래서 무조건 여의도로 갔다.

여의도 정문 앞에서 들락날락하는 사람 붙잡고 "강아지를 유기하지 않게 하려면 누구한테 얘기해야 돼요?"라고 물었다. 거의 다 모르고, 가끔씩 아시는 보좌관이나 일하시는 분들이 동물보호법이 만들어져야 한다는 이야기를 해 줬다.

아이들 보호하고 입양 보내는 것은 두 번째 문제고 강아지 유기에 관한 동물보호법이 먼저 되어야겠다는 생각을 해서 그때부터 미션처럼 국회 앞에 앉아 있었다.

덕분에 성과도 좀 있었다. 가축분류법이 통과된 것이다. 물론 이건 모두 다 노력한 것이지만, 운이 매우 좋았다고 생각한다.

●

동물보호법, 농림부가 아닌 환경부로

농장에 짬밥을 주지 않게 하기 위해서 7~8년 전쯤 동물보호법을 환경부로 옮겨 달라고 요청했다. 야생동물 보호법이 있는 곳에 동물보호법이 같이 있어야 한다는 이유에서이다. 농림부는 생산과 결과 위주로 하는 곳이니, 거기에 동물보호법이 있는 것은 액세서리만 못하다. 살짝 그림으로 얹혀져 있는 것일 뿐, 여기선 절대 힘을 쓸 수가 없다. 환경부로 이관하고 분리되어 있어야 관리를 할 수 있다.

동물보호법을 환경부로 옮기는 것은 딱 한 번 기회가 있는데, 그 기간이 1년 후였다. 그에 맞춰 국회 앞에서 1인 시위를 하고 있었는데 갑자기 3년을 줄 테니 정화조 처리하는 분류처리 시설 정비를 하라는 처분이 내려왔다. 그래서 차라리 1년 빨리 하는 게 낫겠다는 생각을 했다. 그때 굉장히 많은 활동가들이 도와줬다.

환경부를 끼고 계속 운동을 했다. 이때 한정애 의원도 많이 도와줬고 나도 그녀를 많이 도왔다. 농림부는 조금 어려운데 환경부는 그래도 괜찮겠다는 판단하에 지금 아니면 안 되겠다 생각하고 운동을 계속했다. 우리는 종량제 봉투를 사용하여 배출하는데 개농장은 왜 오수를 그냥 흘러보내느냐며 우리도 이제 그냥 버리겠다면서 국회 앞에다 쓰레기를 막 버렸다. 그렇게 1년 이상을 환경노동위원회 의원하고 계속 팩스를 보내며 괴롭혔다.

4~5년 전(2017, 2018)의 일이다. 환경노동위원회에서도 도와주고, 환경부에서도 동물보호법이 환경부로 이관되면 규모가 어마어마하게 커진다고 하니 그걸 기대하기도 했고, 그게 큐가 묘하게 딱딱 맞았다. 그렇게 퇴비사가 되어 있지 않은 개농장은 불법이 되었다. 기적이라고 본다.

●

개 식용 금지 법안이 미뤄지고 있는 이유

감사한 마음에 감사패를 들고 찾아갔는데 이상돈 의원이 "애 많이 썼고 다음에는 개를 가축에서 제외해야지?"라고 이야기했다. 안 그래도 준비 중이라고 이야기했더니 다음에도 도와주겠다고 하더라. 국민청원도 받고 이상돈 의원이 발의도 해 줬고 긍정적으로 검토하겠다는 청와대 답도 나왔다. 그러나 임기가 끝날 때까지 실행되지 않았다.

이 문제가 위에서부터 막혀 있는데 해 주지 않는 이유를 간단히 이야기하면, 지금 잘 먹고들 있는데 왜 그러느냐는 논리이다. 여론이 이러니까 말로만 '개 식용은 안 되죠.'라고 하는 것이고 전혀 진심으로 생각하진 않는 것이다.

1,000만 반려인이면 뭐 하나 싶은 생각이 든다. 관심 갖고 있는 사람들이 50만도 채 되지 않더라. 반려견을 키우는 사람 중에도 개를 식용견과 반려견으로 나누는 사람도 있고, 정작 본인의 반려견을 잃어버리면 개장수한테 잡혀간 게 아닌가 걱정하는 모순적인 모습을 갖고 있다. 인식 변화가 필요하다고 생각한다.

●

개 식용 종식의 실현을 위해

해야 할 것은 너무나도 많다. 사람들은 정부 탓, 개농장 탓, 여러 가지 탓을 하는데 제일 큰 문제는 시민들에게 있다. 베트남, 중국, 우리나라만 먹는 이유가(지금 베트남도 개 식용 금지를 발표했다. 중국도 상하이 등에서는 자체적으로 금지하고 있고 앞으로 확장될 것이다) 우리나라는 시민들이 관심을 갖고 행동하지 않기 때문이다. 소수의 몇 명만 목소리를 낼 뿐이다.

이 문제는 오롯이 우리 탓이지, 정부에서 안 하고 있어서만이 아니다. 정부도 국회도 개 식용 금지를 해야 한다는 생각은 다 하고 있다. 개농장 업자와 개고기를 먹는 사람도 머지않아 개 식용은 금지될 것이라는 생각은 다 갖고 있다. 문제는 우리가 그 얘기를 안 하기 때문에 질질 끌고 가는 것이다.

댓글 다는 사람은 그 순간의 분노만 표현할 뿐, 실질적인 개 식용 종식에 힘을 보태 주지는 않는다. 현 정부는 개 식용 금지에 대해 실행할 의지가 있다. 지금 시민들이 여론에 어필하고 정부가 안 할 수 없게끔 분위기를 만들어 줘야 실행될 수 있을 것이다.

정부는 반발 여론이 걱정되기 때문에 먼저 주도적으로 실행하기 힘들 것이다. 그들이 하려고 하는 의사는 확실하게 있다고 느낀다. 시민들이 분위기를 만들어 준다면 개 식용 종식은 실현될 수 있을 거라 생각한다.

반려동물 유기견을 위한 간절한 기도

청솔 스님

유기견에 관심을 가진 지 10년이 넘었다. 유기견 봉사자들과 인연이 되어 유기견을 구조하기 시작했다. 당연히 개 식용은 불교적인 입장에서 반대한다. 특히 절에서는 강아지를 인간으로 태어나기 전에 태어나는 생명체로 여긴다. 어머니가 개로 환생했다는 이야기도 있고, 개가 사람으로 환생한 일도 있고, 그래서 개를 영물로 생각한다. 우리나라에서 왜 개를 먹게 됐는지 이해하기 어렵다.

유기견 쉼터를 운영하게 된 계기

10년 전에 유기견 한 마리를 구조하면서 유기견 봉사자들과 인연이 되어 시작되어 임시보호도 하고 입양도 많이 보냈다. 품종견들도 보호소에 많이 들어왔었는데 품종견들은 다 입양 보내고 요즈음은 믹스견들이 많다.

사찰에서는 현재 개체수가 늘어서 따로 쉼터를 마련해서 보호 중에 있다. 강아지 위주로 기도를 해 주고 있는데, 그것은 돈이 되지 않는다. 신도도 없다. 그래서 다른 절에서 아르바이트를 해서 공과금 및 생활비로 사용하고 있다. 쉼터에 있다고 해서 후원비를 사사로이 사용할 수가 없다.

●

개에 대한 인식의 전환이 필요한 때

우리나라가 OECD국가 중 개를 먹는 유일한 나라다. 개 식용 금지 법안에 대해 정부에서 이미 여러 번 발의했고 준비를 많이 해서 올렸는데 지금 계류되어 있는 상태이다.

개는 반려동물이라는 인식이 필요하다. 아직까지도 시골 같은 데서는 개를 잡아먹는다. 또 반려견을 키우는 사람들 중에서도 개농장에 있는 개들을 식용견으로 분류하는 사람들이 많다. 자기 키우는 강아지에게는 오만 것 다 해 주면서 개고기 먹으러 다니는 사람들도 있다.

개농장 애들이 뭐 영양가 있는 거 먹고 자랐겠나? 짬밥 먹고 자랐지. 더러운 짬밥 먹고 암 걸린 애들도 있고, 이런 애들 먹으면 사람도 암에 걸린다는 내용을 많이 홍보해야 한다. 개 먹는 사람들은 눈이 번득번득하다. 살기가 있다. 내가 본 바로는, 개 먹는 사람은 자식도 안 좋고 말년이 안 좋다. 특히 집에서 직접 키워 잡아먹는 사람들은 결국은 자식이나 손자들이 안 좋더라.

인식의 전환이 필요한 때이다. 특히 나이 많은 어르신들은 티브이를 많이 본다. 방송이나 미디어매체에서 반려견은 가족이라는 인식을 많이 홍보하고 심어 줘야 할 것 같다.

음지의 아이들에게 도움의 손길을

개그맨(감독) 박성광

강아지를 키우고 싶었지만 혼자 살아서 키울 여건이 되지 않아 키우면 안 되겠다 생각하고 있었다. 그러다 우울증이 살짝 오면서 힘들어하고 있을 때, 주변에서 강아지를 키우는 게 어떻겠느냐 조언해 왔다. 혼자 살아서 안 된다고 거절했지만 '여기 네 생일이랑 같은 날 태어난 강아지가 있다. 한번 보기라도 해라.'는 권유에 그냥 한번 보기만 해 보자 했다가 보는 순간 운명임을 느꼈고 며칠 뒤 키우게 되었다. 그렇게 광복이를 키우면서 우울증이 없어졌다. 지금은 아내가 키우던 강아지까지 해서 3마리를 키우고 있다.

●

작은 행동에서부터 변화는 시작된다

유기견 · 유기묘들 봉사도 자주 갔었고 SNS 팔로우 하면서 그런 소식들을 많이 접하게 되어 공유도 많이 하고 학대범에 대한 처벌이 너무 약하기 때문에 동물보호법을 개선해야 한다는 국민청원에도 많이 참여했다. 최근에는 동물학대범 관련 이야기를 많은 분들이 알아야 할 것 같아 공유했다가 고소를 당하는 일도 있었다. 다행히도 그 뒤로 일이 더 진행되지는 않았다.

최근 시골개의 삶이 공공연하게 이야기되었다. 1m 목줄에 묶여 생을 마감하는 것이 학대라는 것을 어릴 때는 몰랐고 그게 당연한 줄 알았다. 누군가가 목소리를 내어 주니 이게 심각한 학대였다는 것을 알게 되었고, 이제는 나도 인식이 달라졌다.

보호자의 입장과 사정이 있겠지만 지나가다 목줄에 묶여 있는 강아지를 보면 '가끔 산책이라도 시켜 주세요.'라고 말이라도 하고 한 번이라도 더 만져 준다. 사람을 엄청 그리워하는 아이니까. 크게 도움은 안 되겠지만 이런 식으로라도 행동을 하고 있다.

시골개는 그렇게 키우는 게 당연하다고 생각하는데, 개는 다 똑같은 개다. 더 많은 사람들이 이 같은 사실을 알았으면 좋겠다.

개 식용에 대한 생각

어릴 때 부모님은 개 식용을 하셨다. 나는 거부감이 있어 먹지 않았지만. 아버지도 광복이를 같이 키우고 있어서 지금은 안 드시는데 키우기 전까지는 드셨다. 이게 잘못된 거라는 인식을 시켜 드려서 이제는 더 이상 드시지 않는다. 개식용은 잘못된 것이라는 인식을 각인시키는 것이 중요한 것 같다.

'돼지는 먹으면서 개는 왜 안 되냐?'며 이해하지 못하는 사람들이 많은데, 아직까지도 충돌이 많은 것 같다. 그래서 내가 고기를 아예 먹지 않아야 목소리를 낼 수 있는 건가 하고 스스로 고민이 많은 부분이다.

법적으로 아직까지는 개가 식품에는 빠져 있는데 가축에는 들어가 있어서 확실하게 정리되지 않은 부분이 있고, 개 농장 업주에게 법적으로 정확하게 잘못을 따지기는 힘든 상황인 것 같다. 대선 때 공약으로만 반짝 나왔다가, 당선되면 유야무야 사라지는 것이 안타깝다.

동물 학대 관련하여 처벌이 강화되긴 했지만 적용된 건은 거의 없는 것 같다. 개가 물건 취급을 받고 있는 것은 변함이 없다. 국민들의 인식 변화가 정말 중요하다.

●

유기견 봉사의 한계와 기대

나도 강아지를 키우다 보니 내 강아지가 소중한 만큼 남의 강아지도 예쁘고 소중해 보이더라. 유기견에게 도움을 주고 싶은 마음이 생겨서 도와주려고 하니, 어떻게 하는지 방법을 모르겠더라. 주변에도 그런 사람이 많다. 어떻게 도와줄 수 있는지, 그 방법을 모르는 거다. 우리 같은 사람들이 유기견 봉사를 알리고는 있지만 한계가 있다.

금연 광고하듯 유기견 봉사에 대해서도 효과적으로 광고나 홍보하는 것이 필요하다고 생각한다. 어렵지 않다. 유니세프나 다른 기부 홍보처럼 방법은 어렵지 않다.

사실 유기견 봉사가 혼자 가는 게 되게 애매하다. 그렇다고 누굴 데려가기도, 둘이만 가기도 애매하다. '내가 도움이 될 수 있을까? 내가 가서 뭐 할 수 있지? 나는 힘이 없는데?'라는 생각에 고민만 길어진다.

유기견 봉사활동이 굉장히 폐쇄적이라 뭐 하는지도 잘 모른다. 주소도 알려 주지 않는다. 주소가 알려지면 그곳에 애들을 버리고 가기 때문이란다. 주소 공개도 하지 않고 무슨 일을 하는지도 잘 모르고…. 이렇게 허들이 너무 많으니, 마음만 갖고 있다가 행동으로는 이어지지 못하게 된다.

주변에도 이런 사람들이 굉장히 많다. 나도 사람들을 모아 볼까 생각도 해 봤다. 어떤 방법이 좋을지 항상 고민하고 마음 아파하고 있다. 앞으로 음지의 아이들에게 더 많은 도움을 줄 수 있는 연예인이 되도록 노력할 것이다.

고양이 구조대가 말하는 동물 보호

현재 나는 고양이를 구조하는 일을 하고 있다. 고양이를 키우다가 한 번 잃어버린 적이 있다. 고양이를 잃어버리는 사람이 많고, 잃어버린 고양이를 못 찾게 되면 길에서 생을 마감하는 안타까운 사연을 많이 만나게 돼서 봉사 차원에서 다니다가 고양이TV 활동을 하게 됐다.

●

유기되는 고양이들

학대받는 고양이보다는 유기되는 고양이가 많다. 자식들이 고양이를 좋아해서 데려오긴 했지만 실질적인 케어를 하지 않고 부모님이 대부분 하게 되는데, 털도 많이 날리고 하다 보니 자식들 몰래 부모님이 버리는 경우가 대다수이다. 실제로 딸 몰래 집에 와서 고양이 두 마리를 잡아서 북한산에 버려 놓고 딸에게는 잃어버렸다고 거짓말한 경우가 있었

다. 그래서 북한산을 뒤져서 고양이를 찾아 준 경우가 종종
있다.

●

캣맘·캣대디와 일반 사람과의 마찰 문제

캣맘들도 자기 시간, 자기 비용 들여서 길냥이들의 밥을 챙
겨 주는 건 힘들고 고생이 많은 건 맞다. 그런데 주변 사람
에게 피해를 주면서 길냥이들을 돌보면 안 되는데 가끔 캣
맘들 중에 그런 사람이 있다.

이웃 사람이 고양이 때문에 피해를 보고 있으면 캣맘이 주
변 청소라든지 중성화 수술이라든지 여러 가지 피해를 입은
걸 해결하려고 해야 하는데, 길냥이에게 밥을 줌으로써 어
떤 우월감이나 자기만족만 누리려 하다 보니 사람들과는 소
통을 안 하려고 한다.

이렇다 보니 싸움이 시작되고 법적으로도 문제가 발생한
다. 게다가 사람에게 분풀이를 못하니 결국 고양이 학대 및
살해로 이어지기도 한다.

캣맘들도 주변 사람들과 대화를 통한 갈등 해결 등의 인식

변화와 행동 변화가 필요하다.

●

고양이 학대범들의 학대 이유

다른 학대들보다 더 심하게 학대하는 사람의 경우는 반사회적인 기질이 있는 거다. 술 마시고 고양이를 발로 차는 등의 우발적인 범행과는 다르다. 요즘 젊은 애들이 하는 학대는 나름 치밀하게 범행을 사전에 계획하고 도구를 이용해서 지속적으로 학대를 한다. 이 사람은 성향 자체에 문제가 있다고 본다.

아주 어렸을 때부터 게임을 하다 보니까 동물을 학대하는 것도 게임의 일종으로 여기는 것 같다. 그 아이들이 성장을 해 성인이 돼서 끔찍하고 계획적인 학대를 하게 된다. 그런데 더 큰 문제는 이 학대범들이 죄의식이 없다는 것이다. 생명의 소중함, 귀함 등이 어렸을 때부터 교육되었어야 하는데 그런 점이 아쉽다.

동물보호법 강화 및 시민 인식 변화에 대한 생각

동물보호법이라는 게 조금씩 개정이 된다지만 실질적으로 검찰, 판사, 재판부에서 실행으로 옮기는 것은 아주 미비하다. 실제 징역을 살고 나오는 경우는 아주 드물고 대부분 집행 유예라든지, 벌금형으로 판결이 나온다. 그러니 현실적으로 동물보호법에 관한 사람들의 인식 자체가 가벼운 것이다.

왜 이런 일이 발생할까? 일단은 권력을 가지고 있는 대통령, 정부, 관할구가 변화된 인식을 가지고 행동으로 옮겨야 하는데 이 사람들이 아직도 동물보호에 대해서 '식용은 식용이고, 개는 개다.'와 같이 심각하게 받아들이지 않고 있기 때문이다. 그러니 개 식용 금지 법안이 통과되지 않는 것이다. 그러니 이것은 정치적으로 갈 필요가 있다. 누군가 힘이 있는 사람이 마음을 잡고 변화를 시키려고 작정해야 한다.

그리고 또 중요한 것은 그들만 다툼을 하는 것이 아니라, 동물을 좋아하는 사람들도 남한테 피해를 주지 않고 고양이

밥을 줘야 하고, 개 식용이 왜 없어져야 하는지를 알아야 한다. 즉, 우리의 인식이 먼저 변해야 한다는 것이다. 우리의 몫을 다하지 않으면서 오로지 정부만 탓하는 것은 어폐가 있다. 아직 가야 할 길이 먼 것 같아 안타깝다.

●

향후 계획

잃어버린 고양이를 찾아 주는 일을 하고 있지만 수시로 시간 날 때마다 다치거나 병 걸린 길고양이들을 구조해서 치료하고 있다. 앞으로도 계속 힘들고 아프고 고통받고 있는 길고양이들이 단 하루라도 편안하게 살 수 있도록 더 나은 환경을 제공해 줄 계획이다. 내가 살아가는 동안 구조 활동을 더 열심히 계속 하고 싶다.

개 식용 종식, 오직 그날까지

행강 박운선

활동한 지 20년차, 2013년에 이쪽으로 이사를 왔다. 10년 동안 전 재산을 투자해서 애들을 구조해서 돌보고 입양 보내며 활동했는데, 돌아보니 바뀐 것은 하나도 없더라. 여전히 불법 번식과 개 도살은 벌어지고 있고 개 식용이 존재한다. 한쪽에서 반려동물 문화축제가 벌어지고 있는데 불과 3,400미터 인근에서 개는 도살되고 있고 좌판에 개 시체는 널려서 팔리고 있다.

●

초대받지 않은 토론회에서 얻은 발언의 기회

어느 날 인터넷 뉴스를 보는데 동물 관련 국회토론회를 한다는 소식을 보았다. 누구한테도 초대받지 않은 상태에서 무작정 현장으로 향했다.

그리고 그냥 뒤에 앉아 토론회가 어떻게 진행되는지를 지켜봤다. 동물카페법에 대한 토론회였다. 처음부터 끝까지 쭉 듣다가 도저히 참을 수가 없어서 발언권을 얻어 발언을 했다.

반려동물들을 위한 동물카페법을 발의하고 토론하는 모양 인데, 지금 한쪽에서는 개를 식용으로 사용한다. 잔인하게 도살하는 이런 상황에 그런 문제를 해결한 생각은 전혀 하 지 않고, 개 식용 금지법은 만들 생각을 안 하고 이미 대우 를 받고 있는, 그리고 사람들한테 사랑을 받고 있는 동물들 한테만 관심을 가지고 법을 제정하려고 하느냐. 이건 문제 가 있지 않느냐. 내가 볼 때 이것은 모래 위에 집을 짓는 것 과 별반 다르지 않다. 이 문제를 해결하려면, 동물들의 진 짜 복지가 제대로 되려면 개 식용 문제부터 해결이 돼야 되 는 것 아니냐.

이렇게 이야기했더니, 주제와 맞지 않는 이야기는 하지 말라고 하더라. 당시 농림축산식품부 사무관이 답변이라고 하는 얘기가, 이제 개 식용은 서서히 없어지는 추세니까 젊 은 사람들은 먹지 않으니 시간이 좀 흐르면 개 식용은 없어 질 것이라는 얘기였다.

그렇게 답변하기에 화가 나서 그럼 그동안 죽어 나가는 생명은 어떻게 할 거냐고 물었다. 그리고 대한민국 국민으로서 똑같은 생명으로 한쪽에서는 죽어 나가고 있고 한쪽에서는 문화 축제를 하고 있는데 이게 맞는 것인지 국민으로서 이해가 가지 않는다고 말했다.

●

'개 식용 금지' 금칙어에서 벗어나기까지

그다음부터 지속적으로 각종 토론회, 간담회에 한 곳도 빠지지 않고 참석했다. 하다못해 동물권 단체에서 진행하는 간담회, 토론회까지 참석했다.

그때 놀란 것이 이 '개 식용 금지'라는 단어가 국회에서나 지자체에서나 거의 금칙어였다는 점이었다.

그런 얘기만 하면 말문을 막더라. 그래서 그것을 깨트리는 데 거의 3~4년은 걸린 것 같다. 자연스럽게 국회나 지자체에서 개 식용 문제를 거론할 수 있는 언어가 나올 수 있게 만들기까지 참 오랜 시간이 걸린 셈이다.

●

이 일을 하게 된 계기

우리 나이 또래는 성장 과정에서 개는 잡아서 식용하는 게 당연한 것으로 여기던 세대다. 나(올해 65세)도 그 세대와 별반 다르지 않았다.

그런데 2003년도에 도심 생활을 접고 시골로 내려와서 이 아이들을 만나서 생활하면서 교회를 나가기 시작했는데, 성경 말씀 가운데 '생명'이란 말씀에 꽂히고 아침저녁으로 아이들 눈을 계속 마주치면서 그 안에서 나와 똑같은 생명이라고 느끼기 시작했다.

종교적인 이야기지만 어쩌면 나에게 생명을 지켜야 할 어떤 소명이랄까 사역감이랄까 하는 것을 느끼게 되었고, 그 후 동물들을 이용하던 사람에서 보호하는 사람으로 바뀌게 되었다.

그 밑바탕에는 종교적인 것이 크다. 내가 하는 행위에 대해서 하나님이 지켜보고 계신다.

개 식용 문제 해결을 위하여

아무리 우리가 좋은 일을 한다고 해도 정당성을 벗어나서는 안 된다고 생각한다. 어떻게 보면 행강대부는 과격하게 하지는 않는다. 왜 강력하게 하지 않느냐는 이야기가 있을 수 있다. 우리가 하는 활동이 결국에는 일반 국민, 시민들의 지지를 얻어야 하는데, 우리가 과격한 행동을 할 경우 역효과가 날 수 있기 때문이다.

그리고 개 식용 문제를 해결하기 위해서는 결국에는 국회의원이든 정부든 여론이 형성되어야 움직인다. 시민들에게 개 식용 문제의 부당함을 알리고 여론 형성을 하는 것에 중점을 두자는 생각으로 집회 캠페인 활동을 했다. 그렇게 하면서 효과도 많이 봤다고 생각한다. 경동시장 같은 경우도 어느 정도 정리가 되고 점점 그 지역 사람들의 인식이 바뀌면서 차츰 보신탕집에 들어가는 사람들도 주변 사람들 눈치를 보면서 들어가게 되는 변화가 생겼다.

지금은 우리가 처음에 활동을 시작하던 그 시점보다 젊은 세대들이 많이 적극적으로 활동에 나서 주고 있고, 미디어가 활성화되다 보니 더 빨리 국민들 인식을 바꿀 수 있는 길이 열리고 있다. 조금 아쉬운 점은 우리가 현장에서 많이 움직이면서 시민들에게 다가서는 것도 중요하지만, 현장에서의 경험을 토대로 간담회나 토론회에 적극적으로 참여하고 만들어 가며 정책적으로 나서 줬으면 좋겠다는 것이다.

●

동물권 활동가들의 역할

지금 당장은 많은 사람들의 관심 또는 지지에서 내가 고양될 수 있다. 하지만 그것은 나와 같은 생각을 하고 있는 일부분의 지지와 관심일 뿐이다. 사실상 세상이 바뀌려면 일반 시민뿐 아니라 비반려인들의 인식이 바뀌어야 한다. 그런데 그 사람들은 우리들의 열정적인 모습을 지지하는 것이 아니라 거기에서 오히려 반감을 느낀다.

그 사람들까지 지지 세력으로 끌어들이려면 그 사람들을 설득하는 활동을 해야 하는데, 우리가 너무 자극적으로 하다 보면 여론을 모을 수가 없다. 그런 부분이 안타깝다. 우리가 현재의 상황들, 즉 개들이 잔인하게 죽어 가는 모습들을 보여 주며 '왜 저렇게 잔인하게 하나?' 하고 오히려 그런 행위를 하는 사람에게 반감을 갖게끔 유도해야 한다.

요새 유튜브 보면 가짜 뉴스도 많고 사람들이 자극적인 것에만 관심을 갖는다. 하지만 나는 동물권 활동가들은 그러면 안 된다고 생각한다. 우리는 사람들의 인식을 변화시켜야 하는 소명을 갖고 있는 사람들이다. 정확하고 정직한 팩트를 세상 사람들에게 알리고 우리나라 동물복지의 현실을 알려 이것의 잘못된 부분을 바꿔 나가는 세상을 만들어 가는 역할을 해야 한다고 생각한다.

●

나의 마지막 목표

개 식용이 종식되고 내가 아이들을 구조하고 보호해야 할 일이 없어지면 동물권 활동을 하고 싶지가 않다. 그게 마지막 목표이기 때문에 단체를 더 확장시키고 후원을 더 늘리려는 생각도 없고, 하루라도 더 빨리 개 식용이 종식되길 바란다.

개 식용이 종식되면 대한민국의 동물복지 정책은 올바른

길로 갈 수 있는 디딤돌이 마련된다. 그 디딤돌까지만 내가
해야 할 몫이라고 생각하고 거기까지만 전념을 해서 하려고
한다. 그러고 나서 여타 자질구레한 동물들의 복지나 정책
은 다른 활동가들이나 단체들이 잘할 것 아니냐.

●

개 식용 종식을 위한 집회

 2017년 4월 29일부터 인사동에서 개 식용 종식을 위한 집
회가 시작됐다. 그때 동물유관단체협의회, 각 단체명은 빠
지고 수의사를 비롯한 동물 관련 모든 단체를 포함한 명칭
으로 생명존중 문화제를 시작했다. 그 당시 집회를 처음으
로 시작했는데, 내가 대표였다. 그때부터 매주 수요일 저녁
7시 30분에 촛불 문화제 집회를 진행해 왔다. 그러다가 두
달에 한 번씩 전국집회를 시작했다. 그러다 전국적인 동물
단체들이 모여 서울 시청에서 대규모 집회를 했다.

   2018년도에는 단체명이 들어가지 않은 '개식용종식 시민
연대'를 구성하여 누구든지 들어와 집회를 할 수 있도록 했
다. 결국엔 1,500명 가까이 모여서 집회를 했는데, 나는 그

집회도 실패한 집회라고 생각한다. 결국엔 다 단체티 입은 사람들이더라. 단체가 아닌 시민들이 중심이 된 연대활동이 가장 중요하다고 생각하기에 난 실패했다고 생각한다. 그렇기 때문에 우리가 추진하는 집회는 단체명이 거의 들어가 있지 않다.

하지만 사람들이 보기에는 행강 대부가 진행하니까 '행강 주체다.'라고 생각하는 모양이다. 웹호스트 자체는 주체의 단체명이 없다. 누구라도 참여하기 편하게, 어느 단체를 지지하더라도 집회에 편하게 나올 수 있도록 없앤 것이다. 그래서 지난번 모란 집회에서도 단체명 넣는 것을 탐탁지 않게 생각했다. 단체명이 아예 없으면 어느 단체가 오는지 모르니 분란이 생기지 않는다.

누구라도 앞장서서 할 수만 있다면, 하려고 한다면 나는 그냥 조용히 뒤에서 지원해 주고 자문해 주고 싶다. 47살의 나이에 시작해서 이 나이 먹도록 집회 운동에 참여하는 동안 심장·폐·허리는 100미터도 걷지 못하는 건강 상태임에도 불구하고 내가 놓지 못하는 이유는 개 식용 문제 하나다. 내 삶이 끝나기 전까지는 개 식용 문제가 해결이 된 모습을 봤으면 하는 소망이다.

●

동물권 이전과 이후의 생활

공무원 생활 7년 말고는 다른 일은 거의 하지 않았다. 목재 사업을 하다가 금융사업을 하고 시골로 내려왔다. 내가 지금까지 세상을 살아온 과정 중에서 동물들하고 살아온 지금 이 과정이 가장 힘들고, 가장 뜻깊고, 가장 행복하다.

사무실에서 20년 동안 먹고 자고 했다. 나는 따로 집이 없다. 내가 소유하는 내 주택을 갖고 싶지도 않고, 나만의 거주지도 갖고 싶지 않다. 그냥 애들하고 같이 살다가 개 식용이 종식되면 조용히 이 땅을 떠나는 것이 내 마지막 목적이다.

●

앞으로의 방향

동물권 단체든지 활동가든지 어느 하나 중요하지 않은 역할이 없다. 그렇지만 그중에서 가장 큰, 우리나라 동물복지법에서 가장 기초적인 것이 무엇인지 다시 한번 고민해 봤으면 좋겠다. 내가 보기에는 그 초석이 개 식용 문제라고 본다. 다른 야생동물도 잡아먹고 있지만 반려동물이라고 지칭하고 있는 개와 고양이를 불법으로 잔인하게 도살해서 먹고 있는 이런 현실을 바꾸지 못하고 동물보호나 동물복지를 논하는 것은 아무런 의미가 없다고 본다.

모든 동물권에서 개 식용 종식에 대한 뜻은 하나로 모아야 한다. 주요 단체나 큰 단체들은 충분히 능력이 있으니 정책적으로나 법률적으로 국회나 정부를 상대로 대규모 대응을 하는 역할을 해 주고, 활동가들이 거기에 뒷받침을 해서 뜻을 하나로 모아 단합된 모습으로 이 문제를 타결해 나갔으면 좋겠다.

개 식용 종식, 이것 먼저 해결하고 다른 동물권 활동을 했으면 하는 것이 내 작은 소망이며 의견이다. 나는 개 식용 종식이 해결되지 않으면 다른 동물복지 활동이나 동물권 활동에서 전부 보이콧 하는 식으로 강경 대응을 할 생각이다. 가장 근본적인 것이 그 문제가 아닌가? 그러니 그 문제부터 해결했으면 좋겠다.

이제 정부나 국회에서 얘기하는 감언이설 같은 말을 기다리고 있을 시점은 아니다. 개 식용 문제의 사회적 논의 기구도 이제는 끝난 문제니 정부에 강력하게 다 폐지시키라고 하고 실력 행사로 나가야 한다.

3월에 총회가 끝나고 나면 다시 한번 집회를 시작하려고 한다. 이제는 건강도 그렇고 나이도 있고 해서 내가 직접 추진해 나가는 것보다 틀을 만들어서 젊은 단체들이 강하게 의지를 갖고 움직여 줬으면 하는 바람이다. 내가 나서서 치고 나가고 이끌어 나갈 수 있는 상황이 아니라 그게 가장 안타깝다. 내가 이 활동을 45살에 시작했는데 그때 조금 더 정책이나 현장 활동에 뛰어나갔으면 어땠을까 하는 아쉬움이 제일 크다. 건강과 나이가 허락할 때, 그때는 실패해도 다시 시작할 수 있지 않는가?

●

동물단체에게 하고 싶은 당부

젊은 단체나 활동가들이 서로 갈등하지 않고 하나로 뭉쳤으면 좋겠다. 2017년에 처음 집회를 시작하면서 이런 얘기를 했다. "나는 내 부모나 내 형제를 때려죽인 원수라도 개 식용 문제가 해결될 때까지 손을 잡고 가겠다. 비가 오나 눈이 오나 바람이 부나 나는 이 자리에서 계속 집회를 하겠다."
고…. 그 마음은 지금도 여전하다.

　한 가지 부탁하고 싶은 것이 있다면, 지금 단체나 활동가
들도 그러한 생각으로 개 식용 문제에 접근해 줬으면 좋겠
다는 점이다. 개 식용 관련 집회나 간담회 토론회가 있으면
아무리 서로 간에 갈등이 있을지라도 그거 하나만 보고 뭉
쳤으면 좋겠다. 다들 힘냅시다!

중요한 건 생명의 소중함을 일깨우는 교육

배우 김정난

개나 고양이는 워낙 어릴 때부터 항상 옆에 있었다. 동물이 없었던 적이 거의 없다. 부모님도 동물을 너무 좋아하셨고, 그래서 늘 강아지며 고양이를 키워 왔기 때문에 특별히 관심을 가지게 된 계기가 있다기보다는 자연스럽게 친구 같고 가족 같은 존재다. 중간에 하늘나라도 많이 보내 봤고…. 작년에 한 마리가 17년 살고 고양이별에 가서, 고양이 6마리를 키우고 있다. 지금도 늙은 아이들이 셋이나 있어서 아침저녁으로 약 먹이고 중간에 수액 맞추며 그렇게 지내고 있다.

●

유기견·유기묘가 많아지는 이때 진정 필요한 것

책임감의 문제라고 생각한다. 요즘에는 동물 관련된 프로그램도 많아지고 유튜브 콘텐츠도 엄청 다양해져서 옛날보다는 좀 적어졌을 것이라 생각했다. 개나 고양이에 대한 인식 자체가 옛날에는 키우다가 잡아먹는 가축처럼 생각했다면, 지금은 그런 시대는 아니니까. 그래서 좀 줄어들겠다 생각했었는데 아직도 그렇게 버려지는 아이들이 많다는 것이 놀랍다.

지금 애들도 배우고 있을지 모르겠지만, 어릴 때부터 생명의 귀중함에 대해서 가르치는 교육과정이 있어야 하지 않을까 생각한다. 우리가 고기를 먹더라도 그냥 아무렇지도 않게 취하는 게 아니라 좀 더 신경 써서 정말 귀중한 생명을 우리가 취한다는 것에 대해 한 번 더 생각해 보는 교육을 하면 좋을 것 같다. 아무런 죄책감도 없이 먹고 버리는 소모품처럼 생각하는 것이 아니라, 하나의 생명이라는 것에 대해 진지한 교육 말이다.

그렇게 하면 자연스럽게 학대나 살해 같은 문제들을 해결하는 데 도움이 되지 않을까 생각한다. 또한 교육뿐 아니라 영화나 미디어 매체들도 많이 만들어졌으면 좋겠다. 개나 고양이뿐만 아니라 모든 동물에 대해서 생명이 얼마나 소중한지를 지금보다 더 많이 진지하게 가르쳐야 할 것 같다.

●

개와 고양이, 장난감이 아닌 생명

개나 고양이를 너무 쉽게 사고 쉽게 버린다고 생각한다. 개나 고양이를 샵에서 사고파는 것도 법적으로 제도화됐으면 좋겠다는 생각을 늘 한다. 장난감을 사듯 내가 갖고 싶을 때 언제든 쉽게 사는 것이 아니라, 생명을 취할 때는 어떤 자격 요건을 갖춘다거나 끝까지 책임질 수 있는지 테스트하고 국가에서 관리할 수 있으면 좋겠다. 그런 과정을 통해서 자격이 되는 사람들만 생명을 키웠으면 좋겠다. 생명을 너무 간단하게 취할 수 있고, 가볍게 다루는 것이 항상 가슴이 아프다.

●

개 식용, 그리고 트라우마

사실 개 식용에 대한 것은 논리로 설명하려면 답이 없는 것 같다. 논리에는 늘 오류가 있기 마련이다. '개고기는 안 되고 소나 돼지는 되나?'라는 논리를 펼치는 사람에게 어떤 설명이 필요하겠나.

경험에 비추어 보면 나는 어렸을 때부터 늘 개가 옆에 있었고 항상 5~6 마리씩 키웠다. 그런데 옆집에서는 개를 잡아먹더라. 내가 초등학생이었을 때 옆집에서 개를 매달아 놓고 패고 토치로 그슬리는 장면을 보았다. 옆집의 담이 낮아 그냥 보이니까 볼 수밖에 없었는데, 그 장면이 지금도 선명해 트라우마로 남았다. 평생 잊을 수 없는 장면이다.

『채식주의자』라는 소설이 있다. 소설의 주인공이 어렸을 때 나와 비슷한 트라우마를 겪고 완전히 채식주의자가 되었다가 결국 거식증에 걸려 죽게 되는 내용이다. 지금도 내가 아무렇지도 않게 고기를 먹을 때면 어쩔 땐 나 스스로도 환멸이 느껴지기도 한다. 어떤 사람들은 자기가 고기를 먹고 싶어서 한 생명을 무참히 죽일 수 있지만 누군가에겐 그게 트라우마가 될 수 있다는 것을 알아줬으면 좋겠다.

고기를 먹더라도 밥상에 오르기까지 어떤 과정이 있었을지 한 번쯤 돌이켜보고 감사한 마음과 한편으론 미안한 마음을 가지는 것이 우리가 두 번 먹을 것 한 번으로 줄일 수 있지 않을까 생각한다. 세계적으로도 너무 많은 가축을 키우는 것이 환경적으로 문제가 되지 않는가. 이제 인식이 조금씩 바뀌어서 가축을 덜 키우고 고기를 덜 먹으려는 노력들이 이루어졌으면 좋겠다.

●

과거와 달리 풍족한 시대의 우리

우리나라가 전쟁도 겪고 가난했던 시절이 있다 보니 먹을 것이 없어 개도 잡아먹고 그랬던 것은 이해한다. 사람이 당장 굶어 죽게 생겼는데 그런 게 눈에 들어오겠는가. 그럴 수 있었다고 생각한다.

그렇지만 지금처럼 필요하면 다 먹을 수 있고 가질 수 있는 풍족한 시대에 굳이 소중한 생명을 잔인하게 죽여서까지 먹을 필요가 있을까. 더군다나 개는 소나 돼지처럼 제도화된 도축 과정이 아닌, 어떤 도축 과정을 거쳤을지 모른다. 그렇기 때문에 더 괴로운 것이다. 어떤 끔찍한 과정을 거쳤을지 모르니….

마음으로 생각해도 실천할 수 있는 용기는 아무나 할 수 있는 것이 아니다. 알리지 않으면 모르니 그렇게 해 줄 수 있는 분이 계신 것에 감사하다.

개와 고양이가 학대받지 않는 세상

배우 안정훈

어릴 적 아버지께서 한 사람당 한 마리씩 키우라고 강아지를 한 마리씩 주셨다. 나의 첫 번째 친구였던 것 같다. 내 강아지 이름은 '무코'였는데 너무 작아서 누나가 방문을 열고 들어오다 보지 못하고 목을 밟는 바람에 죽었다. 일주일간 엉엉 울었던 기억이 있다. 강아지를 키우면서 의지가 되고 밥 주는 사람의 심정, 부모님 심정도 조금씩 이해되었다.

●

유기견·유기묘 문제

키우다 사정이 생겨 키우지 못하게 될 수도 있겠지만 길에다 버려서는 안 된다. 하나의 생명으로 똑같이 대우해 줘야 하지 않을까 생각한다. 너무 쉽게 사고 쉽게 버릴 수 있는 풍토가 조성되어 있어서 그런 것 같다.

계획적인 고양이 살인·학대 문제

너무 야만적이다. 인성을 다 고칠 수는 없지만 법으로 금지시키고, 이를 어길 경우 그에 합당한 강력한 처벌을 내려야 한다고 생각한다. 바늘 도둑이 소도둑 된다고 하지 않은가. 강아지나 고양이를 쉽게 죽일 수 있다면 사람의 생명도 우습게 생각할 것이다. 그리고 자기네들이 하는 행동이 나쁜 행동이라는 죄의식을 느끼지 못해 계속해서 그러한 만행을 저지르는 것 같다. 이를 강하게 동물보호법으로 정하고, 그 사람들의 정신적인 치료도 병행되어야 할 것 같다.

개와 고양이가 버려지지 않는 세상을 위해

현재 드라마 촬영을 하면서 개와 고양이를 위한 소파를 런칭하였다. 많은 반려인들의 집에서 뜯기는 소파나 이불 등을 보면서 착안하였다. 소파 등을 뜯어 망가지는 것들 때문에 아이들이 맞을 수도 있고 버려질 수도 있다는 생각을 많이 하였다. 그렇기에 더욱 심혈을 기울여 만들었고, 긁히거나 뜯기지 않는 신소재로 개와 고양이 소파 및 침대, 집 등을 만들고 있다. 앞으로 많은 아이들이 학대받지 않고 버려지지 않는 세상을 위해 노력하도록 하겠다.

더 큰 관심과 목소리가 필요한 때

배우 이우진

개나 고양이를 키우고 있진 않지만, 강아지를 좋아해서 관심은 있다. 아주 어린 시절 키워 본 적은 있지만 기억은 잘 나지 않는다. 다른 나라에 비해 유기견 · 유기묘들이 많은 것에 대해 무책임하다고 생각한다. SNS에 올라오는 글을 가끔 보는데, 사람이라면 더더욱 사회적 이슈가 될 것 같은데 동물이라 조금 덜한 것 같다.

●

동물 유기와 학대에 대한 생각

개와 고양이도 사람과 같은 생명체라고 생각하기에 마음이 많이 안 좋다. 정말 너무 좋아서 기를 수는 있다. 그리고 기르다가 형편이 안 좋아질 수도 있다. 사람이 항상 잘 먹고 잘 살란 법은 없으니까. 그런 것도 이해가 가는 부분이긴 하지만, 만약 키우기 힘든 상황이 온다면 동물들을 키울 수 있는 다른 사람에게 입양을 보내거나 임시 보호해 줄 수 있는 보호시설 같은 것들이 좀 활발해졌으면 좋겠다. 그리고 동물 학대하는 사람들에 대한 처벌이 지금보다 강해져야 한다고 생각한다.

●

개 식용? 시대가 변했다

옛날 사람이었다면 '닭도 먹고 소도 먹고 개도 먹을 수 있지 않나?'라는 생각을 했겠지만, 시대가 변했다. 강아지를 가족처럼 생각하는 사람이 늘어났다. 강아지를 잡아먹는 것은 다른 누군가에게 상처가 될 수 있다. 게다가 소·돼지 등은 허가제·신고제 등록이 되어 있는데, 개는 등록되어 있지 않다. 먹을 것이 많은 시대에 왜 굳이 개를 먹는지도 모르겠다.

앞으로 배우 활동도 열심히 하면서 개와 고양이에 대한 공부도 병행하며 대신하여 목소리를 많이 낼 수 있는 사람이 되도록 노력하겠다.

보호소 운영할 그날을 꿈꾸며

모델 바나나

어렸을 때부터 강아지를 좋아했다. 고양이는 좋아하게 된 계기가 따로 있다. 학생 때 고모네 집에 갔는데, 고모가 고양이를 키웠다. 처음에는 너무 무서웠는데 다가가서 만져봤더니 그르릉거리는 소리를 냈다. 그 소리를 처음 들어 봐서 무슨 소리인지 몰랐는데, 기분 좋으면 내는 소리라길래 그때부터 같이 자고 놀고 하다 보니 친해졌고 자연스레 고양이를 좋아하게 되었다.

●

유기견·길냥이들이 생기는 이유

우선 너무 쉽게 강아지, 고양이를 살 수 있다는 것이 첫 번째 이유라고 생각한다. 다음으로는 유행을 타는 것도 그 이유로 보인다. 외모지상주의가 동물에도 적용되는 것 같다. 다른 나라는 어떤지 잘 모르겠지만, 의료비 부분도 이유가 있는 것 같다. 반려견 · 반려묘의 의료비 부담을 줄여 줄 정책적인 제도 마련과 적극적인 홍보가 필요해 보인다.

●

강아지·고양이 학대 사건에 대한 생각

예전에 텔레그램과 같은 SNS가 없었을 때는 혼자서 그랬을 텐데, 이제는 온라인이 발달하면서 수면 위로 올라온 것 같다. 정신적인 원인이 가장 커 보이는데, 남들로부터 관심을 받고 싶어서 그런 행동을 보이는 것 같기도 하다. 강아지 · 고양이 학대범에 대해서는 강력한 법적인 처벌과 더불어 정신적인 치료도 병행되어야 한다고 생각한다.

●

개 식용 문제에 대한 생각

개 식용 문제에 대해 많이 노출하는 것이 인식 변화에 도움이 되지 않을까 생각한다. 특히 인지도가 높고 유명한 사람들이 나서 주는 것이 도움이 되지 않을까 싶다.

돈을 많이 벌면 쾌적하고 좋은 동물 보호소를 운영하고 싶다는 꿈을 갖고 있다. 그 꿈을 위해서 모델 일도 아이들에 대한 관심도 열심히 하는 바나나(banana)가 될 것이다.

생명과 책임감, 그 무게에 대하여

가수 레인보우 조현영

고양이 한 마리를 키우고 있다. 어렸을 때부터 강아지랑 고양이를 집에서 키웠었다. 워낙 좋아하기도 하고 친숙한 친구들이다.

●

유기견·유기묘에 대한 생각

반려묘나 반려견을 키우기 전에 사전지식이 충분하지 않아서 버려지는 강아지·고양이가 많아지고 있다고 생각한다. 강아지나 고양이를 장식품이나 패션으로 생각하는 사람이 많은 것 같다. 반려동물을 키우는 일은 굉장한 책임과 비용 등 많은 것들이 따르는데, 그런 것들을 넓게 생각하지 못하고 단지 움직이는 귀여운 인형 정도로만 생각하는 사람이 많은 것 같아 안타깝다.

●

동물보호법의 개선 및 강화가 필요

강아지 · 고양이 학대범은 생각만으로도 화가 난다. 그 사람들은 동물을 생명이라고 생각하지 않는 것 같다. 그리고 우리나라 법도 아직 반려견 · 반려묘를 개인의 물건으로 취급한다. 일단 법이 그렇게 규정해 버리고 솜방망이 처벌밖에 하지 못하니까 그런 악행을 저지르는 사람들도 이를 너무나도 잘 알고 이를 악용하여 법안에 숨어서 계속 그렇게 행동할 수 있는 것이다. 동물보호법이 많이 개선되고 강화되어야 할 것 같다.

●

개 식용, 결국 인식 문제

수요가 있으니 공급도 있다고 생각한다. 많은 사람들이 개식용 문제에 대해 바로 알고 올바른 인식을 할 수 있도록 충분한 교육과 홍보가 필요하다고 본다. 나도 앞으로 음지의 아이들을 위해 계속 노력할 계획이다. 끝까지 파이팅!

동물복지에 대한 화두를 던지다

원래 개를 오래 키웠었다. 초등학교 4학년 때부터 17년 동안 키우고 무지개다리를 건넌 '아롱이'라는 개가 있었는데, 사실 이 개도 모란시장에서 데려온 개였다. 어렸을 때는 몰랐는데 지금도 생각나는 게, 내가 개를 워낙 좋아해서 개를 사 달라고 부모님께 졸라서 갔다. 가는 길에 보니까 그때는 개고기를 버젓이 팔고 있었다. 그래서 굉장히 충격받았었다. 그 개고기 가게들을 다 지나고 어딘가에서 노상에서 파는 강아지를 만났고 그 개가 '아롱이'였다. 그 개를 5만 원 정도 주고 샀다. 나중에 든 생각인데, 그때 안 팔렸으면 그 아이도 개고기가 됐을 것 같다. 그렇게 데려와서 17년 동안 키우면서 너무 정이 많이 들었고, 너무 많이 울었다. 동물을 워낙 많이 좋아해서 자연스럽게 관심이 갔다.

●

유기견과 동물 학대, 결국 인식의 문제

기자가 된 다음에 자연스럽게 동물권과 관련된 문제들을 보다 보니까 하나씩 점점 많이 알게 되었다. 유기견 문제나 학대 등이 너무 심각하다는 것도 새삼 알게 되었다. 그래서 이걸 좀 알려서 바꾸지 않으면 안 되겠다는 생각이 들었다. 이게 다 얽혀 있는 문제들인데, 알면 알수록 쉽지 않은 문제이고 해결해야 될 게 너무 많고, 기사로 쓰다 보니 쓸 게 너무 많더라. 그렇게 길고양이에도 관심을 갖게 되니, 힘들게 살아가는 고양이들이 정말 많고 학대 문제도 많더라.

결과적으로 봤을 때는, 동물보호법이 약한 것도 약한 거고 있는 법도 사실은 적용시키기가 어렵다. 초기에 인터뷰 목적이 '인식'이라고 말씀하셨는데 그게 굉장히 중요한 것 같다. 동물보호법도 계속 강화되고 있는데 강화되어도 사실상 판결이 어렵다 보니 인식의 변화가 더 중요한 것 같다.

학대의 경우도 취재 나가 보면 경찰의 초동 대처가 미흡하고 그냥 대수롭지 않게 생각하는 것 같다. 사람 간의 문제로도 실형이 잘 안 나오는데 개ㆍ고양이 가지고 유난이다 생각하는 인식들이 아직도 많은 것 같다. 몇 십만 명이 탄원을 내야 그나마 징역 1, 2년이 겨우 나온다. 결과적으로, 아직도 동물은 물건이다. 반려인조차 소형 반려견들과 개농장의 개들은 다르다는 인식이 있는데 이게 바뀌지 않으니까 잘 해결이 안 된다.

동물에 대한 인식이 대부분 '귀엽다'는 생각에 멈춰 있다. 얼마 전 얼룩말 탈출한 이야기도 동물에 대한 생각과 관점으로 바라봐야 하는데, 그 아이 보러 동물원에 간다는 뉴스를 보고 '사람들의 생각이 이렇게 단순한가?'라는 생각도 들고 방향을 제대로 잡지 않으면 단순히 소비만 되겠다는 생각도 든다. 할 게 너무 많다. 농장 동물, 동물원 동물, 길고양이, 키우는 동물 안에서도 방치되는 동물 등 문제가 너무 많아 머리가 아주 복잡하다.

●

유기견·유기묘 문제, 어떻게 해결할 것인가

누구나 손쉽게 키울 수 있게 하니까 번식장도 생겨나는 것이다. 이 문제의 해결 방법은 생각보다 단순하다. 아무나 못 키우게 하면 된다. 이게 그렇게 어려운 문제인가 싶다. 끝까지 책임질 수 있는 사람들에게만 키울 수 있는 자격을 부여해야 한다고 생각한다. 그것이 세금을 올리는 방법이라 하더라도 엄격하게 반려동물 입양 자격을 부여해야 한다.

국가적·법적으로 입양 후에도 끝까지 책임지고 돌보고 있는지를 감시하는 시스템을 촘촘하게 마련한다면, 누구나 데려와서 그냥 키우다 그냥 유기하는 문제는 상당 부분 해결될 것이다. 또한 유기했을 경우에 대한 법적 처벌을 강화해야 한다. 지금은 벌금형밖에 되지 않으니 유기 문제가 여전히 발생하고, 또 번식장에서 계속 만들어 내고 펫샵에서 계속 소비되는 악순환이 계속되는 것이다.

누가 키우고 있는지에 대한 것을 정확하게 관리하는 시스템이 필요하다. 칩 의무화를 해 봐야 누가 키우는지도 모른다. 유기 동물이 발견된 경우에는 그걸 추적해서 명백하게 그 보호자에게 책임을 묻고 제대로 법적 처벌을 하면 '이거 아무나 키우면 안 되겠다.'는 인식이 생길 것이다. 그런데 지금은 그게 전혀 안 되고 있다. 그러니까 그냥 '귀엽다!'는 단순한 생각에 데려왔다가 나이 들면 버리고, 아프면 버리고, 질리면 버리는 일이 벌어진다. 구조를 아무리 해도 버리는 수가 훨씬 많으니까 소용이 없다.

●

결과보다는 원인을 찾고, 근본적으론 '관심'이 필요한 일

보통 개 농장엔 관심이 없다. 동물권 안에서도 후원이 잘되
는 영역이 있다. 소형견이나 이런 애들은 후원이 잘된다.
더 작고 아픈 애들, 안쓰럽고 이슈 되는 애들만 후원이 되고
또 그런 걸 이용하는 단체도 많다. 내가 개농장의 개를 입양
한 분 이야기도 인터뷰해서 기사로 싣고 했던 게, 머릿속에
서 구분 지어져 있는 인식을 바꿔야겠다고 생각했기 때문이
다. 보통 사람들이 이런 개농장에서 키우는 개들은 따로 있
다고 생각을 한다. 반려인들만 많아졌을 뿐, 인식은 머물러
있는 것이다.

  유기되는 개들도 그렇고, 시골에서 돌아다니다가 중성화
안 된 상태에서 계속 번식하는 것도 문제다. 유기 동물의 근
본적인 이유에 대한 것들을 계속 건드려 줘야 할 것 같다.
나도 계속 시도 중인데 이대로는 안 된다. 유기견을 아무리
입양을 많이 하고 구조를 많이 해도 근본 원인이 해결되지

않는 이상 반복될 뿐이다.

그리고 유기견 보호소도 너무 힘들다. 한 마리만 해도 치료비가 어마어마하게 나오는데 후원으로는 감당이 안 된다. 한 마리 구조하는 것도 보통 일이 아니다. 애초에 유기 문제가 발생하지 않도록 제도적으로 마련해 달라고 얘기해야 한다. 이게 왜 안 되고 있는지를 집중적으로 파야 할 것 같다. 안 하고 있는 건지, 못하고 있는 건지, 생각을 안 하는 건지.

제일 중요한 것은 관심이 없어서다. 뉴스에서 다루지도 않는다. 뉴스에서도 근본적인 원인을 짚기보다는 결과적인 사건들만 보도한다. 결국, 바뀌는 것도 해결되는 것도 없다.

●

개 식용 금지, 동물복지의 첫걸음

법안을 좀 강력하게 주장해야 할 것 같다. 될 듯 말 듯 이런 느낌인데, 너무 오래 걸리는 것 같다. 국회에서 어쨌든 농축산식품 쪽 관할이다 보니 해당 지역구 눈치 보느라 못하는 느낌이다. 이미 육견업자들도 다 알고 있듯, 이 산업은 더 이상 지속할 수 있는 게 아니기에 개 식용 종식 법안은 계류할 문제가 아니다. 10년 정도만 내다봐도 개고기 먹는 사람들은 점점 줄어들고 있고, 젊은 사람들은 더 안 먹으니 결과적으로는 끝날 수밖에 없는 산업 아닌가.

　관련 기사를 쓸 때마다 매번 '소·돼지·닭은 놔두고 개·고양이만 이러냐?'는 이야기가 나온다는 것을 안다. 나는 사실 만약에 소나 돼지나 닭을 도시에서 편하게 반려를 많이 해서 키우는 동물이었으면 소·돼지·닭을 먹는 사람도 많이 줄었을 것으로 생각한다. 왜냐하면 개나 고양이는 사람과 가까이서 살아가고 더 자주 볼 수 있기 때문에 우리가 키우면서 먹는 것에 대한 이중적인, 이율배반적인 행위에 대한 생각을 하게 된다고 본다. 마찬가지로 소나 돼지도 도심에서 흔히 키우고 산책한다면 소고기·돼지고기를 먹는 사람도 많이 줄 것이라고 생각한다.

　단지 '소나 돼지는 괜찮고 개나 고양이는 안 된다.'는 건 아니다. 나는 이것이 사람과의 거리 문제라고 생각한다. 개나 고양이는 자연스럽게 굉장히 오랜 시간 동안 사람 가까이에서 지냈던 동물이기 때문에 더 관심도가 높을 수밖에 없다. 한쪽에선 키우고 한쪽에서 먹는 것에 대한 부분이 자연스럽게 고민될 수밖에 없는 문제가 된 거다. 그게 '얘네는 되고 얘네는 안 된다.'고 구분 지을 게 아니라 개나 고양이를 시작으로 해서 전체적으로 생각이 확장되어야 한다고 생각한다. 개 식용 문제가 종식되어야 다른 동물들의 동물복지가 올라간다고 절대적으로 생각한다. 동물을 나누지 말고 같이 생각해 보자는 것이다.

●

동물권, 홍보가 중요한 때

나도 기자로서 대중의 인식을 바꿔야 한다는 측면에 있기 때문에 기사를 쓸 때 항상 계속 고민하는 것은 이거다. 모두가 "아, 그런가?" 하고 물음표를 생각할 수 있는 정도의 화두를 던지는 방법으로 어떤 것이 제일 적합할까? 동물권에 관심이 있는 사람들이 와서 보는 것도 중요하지만, 진짜 관심이 없거나 몰랐던 것을 알게 하는 목적이 더 중요하다고 생각해서 어떻게 하면 그게 될까를 늘 고민하고 있다.

그런 측면에서 이번 인터뷰 모음집 발간도 중요한 시도라고 생각한다. 특히 책이라는 매체로 전하는 것은 좋은 방법인 것 같다. 어쨌든 진득하게 앉아서 펼쳐 보고 생각할 기회가 주어지니 책이라는 매체의 특성을 이용하는 것은 좋을 것 같다. 특히 교육용으로 10대나 아이들에게 너무 딱딱하지 않게 접근할 수 있었으면 좋겠다.

파양견·유기견과 함께하는 삶

배우 하리수

어릴 때부터 자연스럽게 집에서 강아지를 많이 키웠는데, 부모님이 주변에서 새끼를 낳았다고 해서 집에 데려다가 키우게 되었다. 내가 고등학교 때는 날 좋아하던 여학생이 강아지를 선물했었다. 그 애가 까매서 '깜순이'라고 이름을 지었는데, 그 애가 우리 집의 방범견이었다. 워낙에 사나워서 도둑이 들어올 수가 없었다. 얼마 전까지 나 12마리, 조카 3마리 해서 총 15마리였는데, 한 마리가 하늘나라에 갔다.

●

유기견·유기묘에 대한 생각

2012년 어느 날 잠깐 화장실 간 사이, 키우던 아이가 갑자기 하늘나라로 갔다. 침대 위에 있던 애가 잠깐 몇 분 사이에 침대에서 떨어져서 그렇게 되었다. 어떻게든 살려 보려고 병원을 여기저기 다녔는데 골든 타임이 지나가 버렸다. 그게 너무 미안하고 마음이 아파서 그때부터 같은 종 아이들을 인스타나 카페나 보면서 유기견들을 많이 입양했다.

지금 키우는 아이들 중에서도 파양되거나 유기된 아이들이 많다. 아무래도 전 주인에게 사랑을 못 받아서 그런지, 아직까지도 서로 친해지지 못하고 자기 혼자 맴도는 애들도 있지만 그래도 우리 집에 함께 살면서 지금은 정말 많이 나아졌다.

유기견 보호소에서 버려졌다가 죽을 뻔한 애들을 살린 일도 있다. 태어나서 30일도 안 된, 1차 접종도 안 마친 애들이 그곳으로 보내졌다. 아이들 3마리, 부모 2마리 해서 총 5마리를 데리고 왔는데 부모견들이 병에 걸려서 원래 우리 집에 있던 아이들까지 옮아서 한 10 몇 마리가 전부 다 병에 걸렸다. 그때 병원비만 한 800만 원 정도 나왔는데, 한 마리가 걸리면 다 옮아서 그때 정말 힘들었다.

강아지들이 미운 짓을 해도, 다른 사람들은 밉다고 하는데 나는 미워할 수가 없다. 죽을 뻔한 것을 살려 낸 애틋한 사연이 있어서 더 그런 것 같다.

●

오직 나만 바라보는 아이들

어느 날 하루는 어머니가 강아지들 키우지 말고 사람을 입양하는 것은 어떻겠느냐고 하셨다. 사실 내가 언니 오빠들을 대신해서 조카들 몇 명을 젖먹이 때부터 키웠다. 알다시피 사람은 크면서 사춘기도 오고, 반항도 하고, 어른들의 말을 잘 안 듣는다. 그러다 보니 남자 조카는 점점 마음의 벽이 생기고, 여자 조카는 친하게 지내더라도 또 자기만의 세계가 있다.

내 피가 섞인 조카들도 어릴 때부터 자식처럼 키워 왔는데도 이렇게 힘든 일이 생기는데, 입양을 해서 키우면 얼마나 더 많은 일을 겪을까 하는 생각이 든다.

그런데 강아지들은 다르다. 다른 데서 상처를 받고 왔어도 나와 함께 있으면서 오직 나만 바라보는 그 마음은 변하지 않는다.

펫샵, 강아지 공장에 대한 생각

펫샵이나 강아지 공장에 대해 너무너무 가슴 아프고 비인간
적이라고 생각한다. 우리 사람으로 따지면 사람을 잡아 놓
고 가둬서 강제로 성관계하게 하는 것과 똑같은 것이다. 교
배를 하지 않으면 억지로 주사를 넣고 하는 것도 티브이에
서 많이 보았다. 정말 인간으로서 하면 안 되는 행동이라고
생각한다.

동물 학대를 가볍게 여기는 현 동물보호법의 문제점

우리나라는 법이 범죄자를 위한 법인지 피해자를 위한 법인
지 알 수 없을 만큼 법이 너무 약하다. 그 점에서 동물보호
법도 너무 약하다고 생각한다. 사실 사이코패스 살인마들도
처음에는 동물부터 학대하고 죽이고 시작한다. 최근 문제시
되고 있는 고양이 학대범을 비롯한 동물을 학대하는 사람들
도 자신의 행동에 대해 전혀 죄의식을 못 느끼는 데다 그런

데서 희열감을 느낀다. 그러다가 점차 수법이 잔인해지고 점점 진화하여 나중에는 사람으로 옮겨 갈 수 있는 부분을 간과하면 안 되는데, 우리나라는 이걸 너무 가볍게 보는 것 같아 안타깝다.

●

식용개에 대하여

나는 어렸을 때부터 모란시장 근처에 살았다. 위치만 바뀌었을 뿐, 아직도 개 식용 판매를 하고 있다. 그런데 개 식용을 위해 사육하는 환경을 보면, 과연 먹을 수 있을까? 개들을 사나운 애들끼리 넣어 놓는 바람에 싸워서 개의 앞다리가 잘리고 잘린 발이 견사 앞에 떨어져 있는 것을 본 적이 있다. 사람들이 이런 잔인함에 대한 심각성을 알았으면 좋겠다.

●

앞으로의 활동 계획

앞으로도 지금처럼 기회가 되면 똑같이 유기견을 위한 활동을 할 것이다. 봉사도 꾸준히 해 오고 있기 때문에 도움이 필요하다면 언제든지 도움을 드릴 수 있다. 특히 겨울에는 아이들이 춥다고 하여 이불이랑 옷 같은 것을 견사에 넣으라고 보내 주는 일도 꾸준히 해 오고 있고, 눈에 밟히는 애들 있으면 임시 보호도 하고 있다. 애견 영양제도 만들었다. 관절이랑 눈 영양제다. '누에보 페로'라는 애견 브랜드도 운영하고 있다.

- 언젠가는 -
모두가 공존할 수 있는 그날이 오길

이 순간에도 어둠 속에 떨고 있을
아이들을 위해

작가 박성수

짧고 치열했던 내 3년간의 활동들은 현재 고소와 재판의 반복으로 돌아오고 있다. 그동안 고군분투하며 싸워 왔던 시간들 속에서 '그들'은 나의 활동과 언행에 대해 범죄라고 저격하고 있다. 여기서 나는 회의감을 느꼈다. 머릿속에 물음표가 그려졌다.

'불법적인 일을 적발하고 이를 신고하는데,
왜 내가 재판에 서고 있는 것인가?
도대체 누구를 위한 법인가?'

나는 잘못이 없다! 이것만은 확실히 말할 수 있다. 내가 슈퍼 히어로도 아니고 정의를 위해 두 주먹 불끈 쥐고 싸우는 그런 인간도 못 되지만, 그래도 잘못된 걸 잘못됐다 말할 수 있다. 그리고 생명을 가지고 학대하고 불법적인 일을 벌이는 것을 눈감아 버린다면 안 된다고 생각한다. 보기 싫더라도 들여다봐야 바뀐다. 수많은 부자유와 맞서 싸워야 그 자유를 손에 넣을 수 있다. 변화란 그런 것 아닐까?

5개월에 걸쳐, 다양한 사람들의 의견을 들어 보고자 나는 두 발 벗고 뛰어다니며 귀를 열었다. 국회의원, 연예인 등등 영향력 있는 분들의 목소리를 모아 보려고 노력했다. 이 책이 새로운 사회적 흐름이 시작되는 데 작게나마 토대가 되었으면 좋겠다. 지금도 어두운 그림자 속 뜬장 안에서 떨고 있을 아이들에게 빛을 밝혀 줘서 많은 것들을 바꾸었으면 좋겠다.

개 식용 종식에 관한 법률이 계속 나오고 있고 변화의 목소리가 점점 커져 가고 있다. 개 식용에 관한 것이 정말로 정당하고 합법이 될 수 있는 것이라면, 왜 이런 법안들이 나오고 있는 것인가?

지금 이 순간에도 보이지 않는 곳에 갇혀서 아이들은 신음하고 있다. 조금만 귀 기울이면 말 못하는 아이들의 짖음이 들릴 것이다. 나는 그 음지에서 신음하는 '들리지 않는 짖음'을 대신하여 들어 주고 목소리를 대신 내어 주고 싶었다!

사람들의 시선을 강요할 순 없지만, 조금만 시선을 더 아래로 내려다보면 많은 것이 보인다. 우리가 쇼케이스에서 볼 수 있는 귀여운 강아지는 결국 수많은 강아지들의 사체들을 딛고 올라간 하나의 스포트라이트 조명이다. 10,000 대 1의 오디션을 뚫고 뽑혀야 하는 오디션처럼….

시대의 흐름에 따라 비건들도 늘어나고 있고 소·돼지·닭의 복지에 대해 얘기하는 사람들도 있다. 대한민국에서 동물복지의 수준이 올라가려면 제일 먼저 1,300만 명이 키우고 있는 개와 고양이 반려인들의 인식 변화가 이루어져야 할 것이고, 제대로 된 동물복지는 '개 식용 종식'에서부터 시작될 것이다.

따뜻한 빛이 드리워질 순간을
기대하며

그림 작가 문서인

2021년 5월 28일. 비가 굉장히 많이 내리던 날, 나는 당시 재학 중이던 학교 옆 시장인 대구 칠성시장으로 뭔가 발길이 이끌듯 가게 되었다. 작은 우산 하나에 의지하며 거센 빗길을 뚫고 발걸음이 멈춘 곳은, 내가 늘 피해 다녔던 일명 '개 골목'이다.

지금은 개의 유통이 불법으로 되면서 음지 속으로 들어가게 되어 '보양탕'이라는 이름으로만 간판 걸고 운영하는 식당이 서너 곳 되었다. 여러 핑계로 나는 여기저기에서 개 뼈를 구하기 시작했다. 작은 여학생으로 보이는 사람이 빗속에서 유통된 개고기의 개 뼈들을 구할 수 있을지 물어보는 모습은 정상적인 상황은 아니다.

수소문에 개고기를 판매한다고 확신이 든 가게에서도 본인들은 개고기를 판매하지 않은 지 수십 년이 되었다며 나에게 모진 말로 경계를 하거나, 얼른 가라며 밀치기도 하였다. 그렇게 두 시간을 빗속에서 근방에서 돌고 돌았다. 비 맞은 생쥐 꼴로 있으니 안되어 보였는지, 식당 주인분은 다시 나를 부르셨다.

"밤사이에 개고기 유통이 되니, 다음 날 아침에 오면 원하는 걸 얻을 수 있을 것이다. 그때 다시 오세요."

다음 날 아침, 비가 그치고 무지개까지 떠 있던 맑은 날씨로 기억한다. 그날은 예정 시간보다 좀 더 일찍 오전에 도착하여 기다리게 되었다. 주인분이 나를 부르시고는 가게에서, 저학년 초등생의 키 높이만 한 빨간 포대 자루를 힘겹게 두 손으로 들고 오시며 내 앞에 두었다. 그러고는 까만 봉지와 함께 빨간 고무장갑을 건네주면서,

"너무 많아서 다는 못 들고 갈 거고, 여기에 알아서 필요한 만큼 담아 가소."

정말로 매우 많은 개 뼈들이었다. 이게 하루 사이에 유통되었던 개들이라니…. 살이 깨끗이 다 발려져 있지만 피는 아직 묻어 있는 뼈. 나는 몇 개의 뼈를 처참한 심정으로 하나씩 하나씩 조심스레 봉투에 옮겨 담기 시작했다. 까만 비닐봉지에 담고 큰 도롯가를 나와서 횡단보도에 섰다. 그 어느 누가 대학로 한복판에서 개 뼈를 쥐고 있는 여성으로 보겠는가 싶었다.

그리고 개 뼈가 담긴 봉지를 노란 포대기로 따뜻하게 감쌌다. 그동안 많이 두렵고 아프고 추웠을 개들에게 해 줄 수 있는 나의 배려였다. 나는 그들을 하나씩 세척하면서 행여나 뼈에도 내가 또 다른 상처를 줘서 아프진 않을까 하는 생각으로 조심스럽게 생명처럼 다루었다.

우습지만, 상자에 솜을 깔고 뼈들을 조심스레 올렸다. 조금이나마 편하라고. 그리고 이것을 시작으로 조금씩 작업에

스퍼트를 올리기 시작했지만, 나의 작업에 있어서 많은 감정이 교차한다. (2021년 5월 29일 작업 노트 중 일부)

개고기 반대 시위, 유기견 봉사 활동 등 여러 활동에 적극적으로 참여하며 힘을 합했지만 달라지는 것은 없었다. 피켓 들고 소리 지르며 반대 구호를 외쳤지만, 당일 도축되는 개들의 수는 변함이 없었으며, 유기견 봉사 활동을 가더라도 갈 때마다 몇 배로 부풀어지는 아이들의 수에 더 좌절하게 되었다. 반대를 외치더라도 먹는 사람은 존재하며, 버리는 사람은 항상 존재한다. 하물며 화장실에서 개를 키우는 사람도 여럿 있다고 한다.

동물을 버리지 말자, 학대하지 말자는 말은 누구나 할 수 있다. 하지만 우리가 윤리적으로 당연하다고 생각하는 것들이 오히려 현실적으로 많은 문제가 되고 있다.

도살당하기 직전의 개들은
죽음을 앞두고 아무 소리도 낼 수가 없다.
그 아이들은 지금 이 시각에도 대기하며

죽음을 기다리며 떨고 있다.

그 '들리지 않는 짖음'에

우리는 대신 소리를 내어 줄 수 있어야 한다.

첫 작업을 시작한 그날 이후 지금까지 미친 듯이 달려오기만 했던 것 같은데, 나 혼자서만 달려온 것은 아닐까 걱정했던 최근이었지만 같은 뜻을 가진 분들이 이렇게 많다는 것을 알게 되었다. 큰 변화도 작은 변화들 사이에서 시작된다고 한다. 외면하지 않으며 조그마한 소리라도 대신 내어 줄 수 있는 사람. 천천히 변화하더라도 어두운 그림자 속에 가려진 개들에게 따뜻한 빛이 드리워지는 순간을 기대해 본다.

Thanks to

책을 내기까지 도움 주신 고마운 똘끼 여러분들!
고개 숙여 감사드립니다. Thank you!

풍퐁퐁/김보민/전옥주/파란하늘/이명희/투게더/K생명존
중/윤아영/주수경/나경욱/파이팅/심상곤/쥬쥬/나쵸네/이
미경/조은향/정찬실/도토맘/문경숙/미코!레오!/전규림/쫑
콤이누나/김보경/최성현/이나라/백두누나연지/버드누나/
김명민/유예정/홍원빈/둥욤아키/정선미/이선미/동물이같
이행복한나라/소성현/맹현숙/김민정/쿠로제리/류하나/김
영은/김동현/김애숙/김귀옥/김예슬/가수황진희/심현송/안
미란/김경자/정소리/폴라견주/로지스타일박선화/이동우/
강기선/한미희/김지량/함영미/손옥규/방글이/통보/개백정
종결사/야니/유성이맘/이인옥/성윤정/김주영/최희정/향

상응원/정유진/바하힘찬맘/꼬꼬꼬공주/차미경/유준세경
상오/MARUNE0416/초코송이쪼아/황윤선/정영숙/네덜란
드코코맘/홍은영/썬마트최성만/삐약이경희/이영선/권용
규/이선희/박승아/강나림/장영식/봄라베/또또/김은희/김
경숙/김아준/이은웅하준맘/장윤서/김아린/박정숙/심민희/
김명남/모카맘/그믐달빛리안/피치라제/소국사랑/우미쉘/
강나희/장태자/김희숙/두별이/박민주다온/민징스/투둥이
맘/세요언니/코발트블루/심상임/보리아리언니/김수연/안
똘님천사/장형숙/이정민/정의자/최동찬/최희진/임근애/전
민정포비/씨니씬뉴트/최현진/jbmom79/송귀영/김예슬/스
테레오타입오브부산/백두누나장미희/김규수/이미성/지뽀
리엄마/금현연/강정희/한경란/맹리/홍승아/여은옥/최정주
리더/복숭아/서지원/경자유학씨/정찬실/라금순/주름이왕
태무케/허미정/김은빈/트리팜호텔링/박옥래/한혜숙/박태
수/이인옥/문현미/권오경/김미영/엄정란/이소영/김야곱/
장영옥/이나경/이상현/안두부/김성희/장보라마켓/라몽/안
미란/자랑이네/김현아/김미숙/홍다감/리멤버/이동재/이
지현/몽이엄마/이미정/배우리/정미진/이세경/강덕행/진정
민/박수진/쪼꼬까미두부/박시연/진정실/공보람/황우경/정

수민/김혜리/변화의한페이지/김근혜/십억이/권은정/김주희/모모누리사랑/김애숙/조준영/김정호/김영미/이현희/김명숙/라향/안영주/개롱이/김미지/박진주/박정숙/조정민/꾸동/금동코코네/이노을/민가진/도살기구아이/김미경/김솔이/단이호박이/박호경/김솔지/전서윤/KIMJIMIN/개장수자식들XX/최은주/릴리/염아연/서연주/김민선/이은진/이혜정/손선희/서예원/메로/양경숙/선우경미/라파엘/페키니즈콩/해피점핑/둥댕맘/에바삼손/승욱탱구/김도경/신윤하/이서정/최나경/못난예삐언니/OZ김진석/장형숙/김예원/김관우/정율/ltree11/쁘띠와몽룽이/레오엄마/박정인/정지아/백푸름/모풍하구네/마음이/삐루N던킨/조은미/윤보영/하늘이/이지은/강보윤/최소영/김지유/표다솔/박채선/조백다혜/라영욱/김민경/계윤정/이현진/이진경/신경순/세이디/건강하세요/최성희/안유안/문서인/이선미/최진미/유아리/깐똘누나채화/허무형아용현/노인희/이나라/박근석/새미엄마진이/신미경/김뭉크네/권유정/mj늘응원/박은미/유현아/이보람/김영아/신금주/김영란/안영주/허광식/초롱도리맘/오선영/전은실/이가람/신영숙/옹이양순이/방지희/안지숙/타누키/남산동사랑이/문정화/남산동초코/누키

누나곽꾼지니/해운대땡자/박주미/김인숙/김희진/손소정/
김리은/엄수진/단이큰언니/소원식당/최윤혜/장필순/깜장
콩열매/콩시월/안은미/정수빈/오선영/강윤미/이정민/성민
희/정병상/서진미/임은주/이수현/홍순욱/황인주/권인숙/
임해자/오태경/고롱대롱/윤단녕/이정미/송정문/신혜진/김
미화/박경림/semiwithca/김영순/mizmee88/이인옥/구방장/
장미영/동물을위한세상/노력들/오선영/catbossman/토리예
리/손이든/김성우/달래언니/정영숙/이은서/최혜원/이영
지/메론/최난경/최희정/이자은/초롱도리샤방/임소정/아리
송이맘/alicego/이민정/원주지나/윤채영/정신병자/김미향/
강지연/루리/멀리서감사/조은채/삐삐뭉치맘/김설아/문경
숙/김신애